种植

国文化百科

作物栽培耕种

李玉梅 编著　胡元斌 丛书主编

汕頭大學出版社

图书在版编目（CIP）数据

种植：作物栽培耕种 / 李玉梅编著. -- 汕头 ：汕
头大学出版社，2015.2（2020.1重印）
（中国文化百科 / 胡元斌主编）
ISBN 978-7-5658-1588-1

Ⅰ. ①种… Ⅱ. ①李… Ⅲ. ①种植业－经济史－中国
－古代 Ⅳ. ①F326.1

中国版本图书馆CIP数据核字(2015)第020920号

种植：作物栽培耕种　　　ZHONGZHI：ZUOWU ZAIPEI GENGZHONG

编　　著：李玉梅
丛书主编：胡元斌
责任编辑：汪艳蕾
封面设计：大华文苑
责任技编：黄东生
出版发行：汕头大学出版社
　　　　　广东省汕头市大学路243号汕头大学校园内　邮政编码：515063
电　　话：0754-82904613
印　　刷：三河市燕春印务有限公司
开　　本：700mm×1000mm　1/16
印　　张：7
字　　数：50千字
版　　次：2015年2月第1版
印　　次：2020年1月第2次印刷
定　　价：29.80元
ISBN 978-7-5658-1588-1

前 言

　　中华文化也叫华夏文化、华夏文明，是中国各民族文化的总称，是中华文明在发展过程中汇集而成的一种反映民族特质和风貌的民族文化，是中华民族历史上各种物态文化、精神文化、行为文化等方面的总体表现。

　　中华文化是居住在中国地域内的中华民族及其祖先所创造的、为中华民族世世代代所继承发展的、具有鲜明民族特色而内涵博大精深的传统优良文化，历史十分悠久，流传非常广泛，在世界上拥有巨大的影响。

　　中华文化源远流长，最直接的源头是黄河文化与长江文化，这两大文化浪涛经过千百年冲刷洗礼和不断交流、融合以及沉淀，最终形成了求同存异、兼收并蓄的中华文化。千百年来，中华文化薪火相传，一脉相承，是世界上唯一五千年绵延不绝从没中断的古老文化，并始终充满了生机与活力，这充分展现了中华文化顽强的生命力。

　　中华文化的顽强生命力，已经深深熔铸到我们的创造力和凝聚力中，是我们民族的基因。中华民族的精神，也已深深植根于绵延数千年的优秀文化传统之中，是我们的精神家园。总之，中国文化博大精深，是中华各族人民五千年来创造、传承下来的物质文明和精神文明的总和，其内容包罗万象，浩若星汉，具有很强文化纵深，蕴含丰富宝藏。

　　中华文化主要包括文明悠久的历史形态、持续发展的古代经济、特色鲜明的书法绘画、美轮美奂的古典工艺、异彩纷呈的文学艺术、欢乐祥和的歌舞娱乐、独具特色的语言文字、匠心独运的国宝器物、辉煌灿烂的科技发明、得天独厚的壮丽河山，等等，充分显示了中华民族厚重的文化底蕴和强大的民族凝聚力，风华独具，自成一体，规模宏大，底蕴悠远，具有永恒的生命力和传世价值。

在新的世纪，我们要实现中华民族的复兴，首先就要继承和发展五千年来优秀的、光明的、先进的、科学的、文明的和令人自豪的文化遗产，融合古今中外一切文化精华，构建具有中国特色的现代民族文化，向世界和未来展示中华民族的文化力量、文化价值、文化形态与文化风采，实现我们伟大的"中国梦"。

习近平总书记说："中华文化源远流长，积淀着中华民族最深层的精神追求，代表着中华民族独特的精神标识，为中华民族生生不息、发展壮大提供了丰厚滋养。中华传统美德是中华文化精髓，蕴含着丰富的思想道德资源。不忘本来才能开辟未来，善于继承才能更好创新。对历史文化特别是先人传承下来的价值理念和道德规范，要坚持古为今用、推陈出新，有鉴别地加以对待，有扬弃地予以继承，努力用中华民族创造的一切精神财富来以文化人、以文育人。"

为此，在有关部门和专家指导下，我们收集整理了大量古今资料和最新研究成果，特别编撰了本套《中国文化百科》。本套书包括了中国文化的各个方面，充分显示了中华民族厚重文化底蕴和强大民族凝聚力，具有极强的系统性、广博性和规模性。

本套作品根据中华文化形态的结构模式，共分为10套，每套冠以具有丰富内涵的套书名。再以归类细分的形式或约定俗成的说法，每套分为10册，每册冠以别具深意的主标题书名和明确直观的副标题书名。每套自成体系，每册相互补充，横向开拓，纵向深入，全景式反映了整个中华文化的博大规模，凝聚性体现了整个中华文化的厚重精深，可以说是全面展现中华文化的大博览。因此，非常适合广大读者阅读和珍藏，也非常适合各级图书馆装备和陈列。

目 录

古代园艺

古代栽培

　　我国农作物栽培起源于新石器时期，当时人们靠狩猎和采集野生植物维生。有些采集到的种子散落在住所附近，不经意间发芽、开花、结果、繁殖。人们通过观察植物生长过程，逐渐学会了人工栽培作物，于是产生了最初的农业生产活动。

　　从新石器中晚期开始，我国古代劳动人民在水田技术、旱田技术，以及经济作物栽培方面，逐渐总结出了植物栽培技术，并由中原地区向外缘扩散。在这个传播过程中，促进了风俗习惯交流与民族融合，丰富了我国农耕文化。

稻作历史及栽培技术

　　我国是世界上最早栽培水稻的国家之一，野生稻驯化和栽培技术的进步，都有十分悠久的历史。我国栽培的水稻属亚洲栽培稻，其祖先种为多年生的普通野生稻。

　　宋代水稻栽培种植有了提高，从越南传入的占城稻逐渐得到推广。

　　明清时期，南方已经可以种植双季稻、三季稻。在长期栽培中，培育出了许多优良品种，并形成独具特色的我国古代稻作技术。

我国水稻栽培历史悠久。根据考古发掘报告，我国数十处新石器时代遗址有炭化稻谷或茎叶的遗存。浙江省余姚河姆渡新石器时期遗址和桐乡罗家角新石器时期遗址，出土的炭化稻谷遗存，已有7000年左右的历史。

古人栽培水稻的历史遗迹，以太湖地区的江苏南部、浙江北部最为集中，长江中游的湖北省次之，其余散处江西、福建、安徽、广东、云南、台湾等省。

新石器晚期遗存在黄河流域的河南、山东也有发现。出土的炭化稻谷已有籼稻和粳稻的区别，表明籼、粳两个亚种的分化早在原始农业时期已经出现。

战国时期，由于铁制农具和犁的应用，开始走向精耕细作。同时为发展水稻兴修了大型水利工程，如河北漳水渠、四川都江堰、陕西郑国渠等。

我国水稻原产南方，大米一直是长江流域及其以南地区人民的主粮。魏晋南北朝以后经济重心南移，北方人口大量南迁，更促进了南方水稻生产的迅速发展。唐宋以后，南方一些稻区进一步发展成为全国稻米的供应基地。

关于水稻的品种，在文字记录较早的《管子·地员》篇中，记录了10个水稻品种的名称和它们适宜种植的土壤条件。以后历代农书以至一些诗文著作中，也常有水稻品种的记述。

我国古代劳动人民在水稻栽培过程中，在稻田种类、耕作时间、播种和育秧、灌溉、施肥、病虫害防治、收获等方面，积累了丰富的经验。

元代农学家王祯的《农书》中将田地分为9类：井田、区田、圃田、围田、柜田、架田、梯田、涂田和沙田。同水稻种植有关的是围田、柜田、架田、梯田、涂田和沙田这6类。

太湖地区的围田，约起源于春秋，战国至秦渐有发展，至汉时进一步拓展。早期的围垦，因水面大，下游泄水通畅，粮食增产显著。

为了解决洪涝问题，古人将围田与开挖塘浦同时并举，从而逐渐

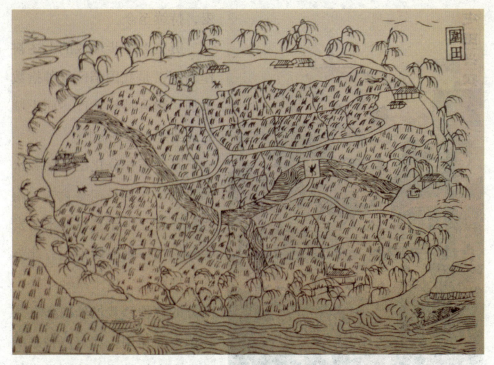

形成了横塘纵浦之间，围圩棋布的塘浦圩田系统。

架田又名葑田，是在沼泽中用木桩作架，挑选菰根等水草与泥土掺和，摊铺在架上，种植稻谷。这样种植的作物漂浮在水面，随水高下，不致淹没。宋元时，江南、淮东和两广就有这种架田。

古人为了扩大耕地，向山区要田就是梯田，向水面要田就是围田。如四川湖南等省的"塝田"，粤北和赣东的"排田"。还有古书所称的"口田"、"雷鸣田"、"山田"、"岩田"等。

关于水稻的耕作制度，水稻原产一般一年只能种植一季。自从有了早稻品种，种植范围就渐向夏季日照较长的黄河流域推进，而在南方当地，就可一年种植两季以至三季。比如明代出现的三季稻就是。

从宋代至清代，双季间作稻一直是福建、浙江沿海一带的主要耕作制度；双季连作稻的比重很小。太湖流域从唐宋开始在晚稻田种冬

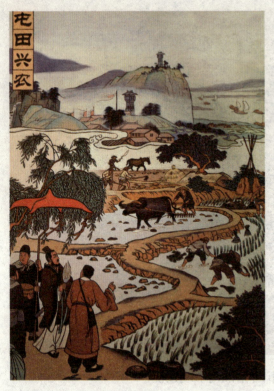

麦，持续至今。

历史上逐步形成的上述耕作制度，是我国稻区复种指数增加、粮食持续增产，而土壤肥力始终不衰的原因。

原始稻作分化出旱稻和水稻以后，水稻最初是直播。南北都一样。至于育秧技术的发明和应用，则原因不同。北方的育秧移栽，出于减轻草害，南方的育秧移栽虽然同样有减轻草害的作用，却与复种制的发展有密切关系，特别是多熟制发展后，移栽是解决季节矛盾的有效措施。

水稻的灌溉用水最初是利用天然的河流，通过开挖大小沟渠、坡塘蓄水、用堤防止外水侵入等措施，开辟成可种稻的稻田，已经是相当完善的农田水利工程。比如典型的是都江堰，已经使用了两千多年，是四川粮仓的基本保证。

水稻生产的重点在南方，秦汉时期南方未充分开发，所以水利兴修多以北方为主，到唐宋以后，全国经济重心移至长江流域，人口增加，稻田开辟，水利条件的保证也随之很快发展。此外，古人在田高水低的地方用翻车、筒轮、戽斗、桔槔等灌溉工具。

关于稻田的灌溉技术，早在西汉《氾胜之书》中即有精辟的叙述：稻苗在春季天气尚冷时，水温保持暖一些，让田水留在田间，多晒阳光，所以进水口和出水口要在同一直线上。夏天为了防止水温上升太快，让进水口与出水口交错，使田水流动，有利于降温。

关于水田施肥的论述首见于南宋农学家陈旉的《陈旉农书》。其中认为地力可以常新壮、用粪如用药以及要根据土壤条件施肥等论点，至今仍有指导意义。

在水稻施用基肥和追肥的关系上，历代农书都重基肥，因为追肥最难掌握。但长时期的实践经验使古代农民逐渐创造了看苗色追肥的技术，这在明末《沈氏农书》中有详细记述。

古代人民对水稻病害有一定认识，从实践中也摸索积累了各种有效的防治措施。一般从栽培措施、药剂防治和生物防治3方面着手。

在栽培措施方面，一是实行轮作，这是最简单有效的减少病虫的办法。早在《齐民要术》种水稻篇中即指出：种稻没有什么诀窍，只要年年轮换田块就好了。

二是烤田防虫，烤田就是在水稻分蘖末期，为控制无效分蘖期并改善稻田土壤通气和温度条件，排干田面水层进行晒田的过程。这样土壤水分减少，促使植物根向土壤深处生长，有利于植物生长发育。

从防虫角度讲，烤田使水分供应减少，地上部的生长受到抑制，改变了稻株光合作用产物运转的方向，即向茎和叶鞘内集中，增加半纤维素的含量，不利于害虫的繁殖。

三是选用抗性品种。比如种植多芒的品种防止鸟兽为害。明末江苏《太仓州方志》中载有一个绿芒品种，名"哽杀蠓蜞"，虽无文字说明，从取名上可知是一个适于涂田种植不怕虫鸟啮食的抗避品种。

药物防治一是烟茎治螟。烟草在明代传入我国南方，以后很快传遍各地。农民在种植烟草中，发现烟茎及叶有杀虫的作用，因而试用

于稻螟，效果很好，于是不胫而走，推广得很快。

二是菜油治虫。用菜油治虫始见于宋代。1180年8月，苏州闹虫灾，虫聚于禾穗上，当地农民以菜油洒之，一夕大雨，尽除之。到清末民初，农民遂用石油代菜油治虫，直至现代农药出现为止。

三是石灰治虫。以石灰作为治虫的药物也始见于宋代。南宋陈旉《农书》提到在播种前"搬石灰于渥泥之中，以去虫螟之害"。是石灰治虫的最早记载。

生物防治在我国有久远历史。水稻害虫的天敌，古人加以利用的有数种。

一是青蛙。稻田养蛙以消除虫害，是被古人运用了很久的办法。

二是养鸭治虫。利用放鸭到稻田治虫始见于明代广东、福建两省。据说以鸭捕蝗与人力捕蝗比较"一鸭较胜一夫"，"四十只鸭，可治四万之蝗"。

三是保护益鸟。历史上蝗灾频繁，古人早已观察到有一些鸟类扑食蝗虫的现象，于是对益鸟进行保护。历朝历代不乏政府提倡保护益鸟的例子。

古人对于水稻的收获、脱粒也总结出一整套科学的办法。明代文献中说，割下的稻株，其茎秆中有相当营养的物质，还能继续往稻谷中输送，可以提高果实的饱满度。

历来打谷所用的工具因农家财力、规模大小而异。小规模的脱粒都用稻簟，这是用竹篾编制的长方形竹席。另一种普遍使用的打谷工具是连枷，古代单称枷。最早记载见诸《国语·齐语》："权节其用，耒耜枷芟。"

以上所述为水田育秧栽培的一季稻，是最普遍的稻作。此外，还有旱稻、再生稻、间作稻、连作稻、混播稻、浮水稻等特殊栽培方式。古人在这方面也有丰富的经验，体现了先民的智慧。

拓展阅读

陶渊明做彭泽县令时，官俸不高。他一不会搜刮，二不懂贪污，生活过得并不富裕。好在当时官府还拨给官员三顷"公田"以充作俸禄，陶渊明就想把300亩职田全都种上酿酒的秫子，好让自己每一天都有酒喝。可妻子竭力反对，不得已只得使每顷田中的50亩种稻，50亩种秫子。

其实，陶渊明有他自己的想法。他认为教会儿子们种田比为他们积蓄多少粮食都管用。他愿所有的人都能友好相处，共同分享生活的乐趣，只有与大家喝酒才有意义。

小麦种植的推广

　　小麦是现今世界上最重要的粮食作物，在我国，其重要性也仅次于水稻。小麦起源于西亚，大约距今5000年左右进入我国。

　　经过漫长的旅程，小麦逐渐适应了我国的土壤环境，成为外来作物最成功的一个。在我国农耕文明进程中扮演了重要的角色。

　　小麦自出现在我国后，经历了一个由西向东，由北而南的推广过程，直至唐宋以后才基本上完成了在我国的定位。小麦的推广改变了我国粮食作物种植结构，也改变了国人的食物习惯。

　　小麦在我国古代的推广始自西北，它经历了一个自西向东、由北向南的历程。有关考古遗址中有24处属于新疆，其中新石器时期至先秦时期的12处中，新疆就有6处。说明新疆在我国麦作发展初期的中心地位。

　　新疆近邻中亚，小麦最先就是由西亚通过中亚，进入到我国西部的新疆地区。时间当在距今5000年左右，后又进入甘肃、青海等地，甘肃省民乐县东灰山遗址中出土了距今约4000多年的包括小麦在内的5种作物种子。

　　古文献中也有有关西部少数民族种麦、食麦的记载。如成书于战国时代的《穆天子传》记述周穆王西游时，新疆、青海一带部落馈赠的食品中就有麦。

　　《史记·大宛列传》等记载，中亚的大宛、安息等地很早就有麦的种植。《汉书·赵充国传》和《后汉书·西羌传》也都谈到羌族种麦的事实。

商周时期，小麦已入中土。春秋时期，麦已是中原地区司空见惯的作物，一个人如果不能辨识菽麦，当时成为了没有智慧的标志。此时，麦已然成为当时各个诸侯争霸战中最重要的物资。产麦区也成为战略要地。

据《左传》的记载，当时的小麦产地主要有现在河南温县西南的温，现在河南东部和安徽北部一带的陈，现在山东北部、东部和河北的东南部的齐，现在山东南部的鲁，还有地跨黄河两岸的晋。但据遗址发现的碳化小麦，实际的产地要超出史书的记载。

当时的小麦种植主要集中于各地城市的近郊区。这种情况到汉代仍然没有改变，东汉经学家伏湛在给皇帝的疏谏中提到"种麦之家，多在城郭"。

小麦虽然自西而来，但汉代以前主产区却在东方。《春秋》是春

秋时期鲁国的一部史书，书中所反映的麦作情况，与其说是春秋时期的情况，不如更确切地说是当时鲁国的情况。

和鲁国相邻的是齐国，境内有济水。《淮南子》中说，济水宜于种麦，反映了当时齐鲁一带种麦的情况。事实上，春秋时期黄河下游的齐鲁地区是小麦的主产区，也就是范蠡所著《范子计然》中所谓"东方多麦"。

这种状况至少保留到了汉代，江苏东海县尹湾村西汉墓出土简牍上有关于宿麦种植面积的记载，反映了西汉晚期当地冬小麦的播种面积情况。

春秋时期，小麦自身经历了一个重大的转变。当初小麦由西北进入中原之时，其最初的栽培季节和栽培方法可能和原有的粟、黍等作物是一样的，即春种而秋收。

在长期的实践中人们发现，小麦的抗寒能力强于粟而耐旱却不

如。如在幼苗期间，小麦在温度低至零下5摄氏度时尚可生存。在播种期间，如果雨水稀少，土中水分缺乏，易受风害和寒害，故需要灌溉才能下种。

我国的北方地区，冬季气候寒冷，春节干旱多风。春播不利于小麦的发芽和生长，秋季是北方降水相对集中的季节，土壤的墒情较好。

适应这样的自然环境，同时也为了解决粟等作物由于春种秋收所引起的夏季青黄不接，于是有了头年秋季播种，次年夏季收获的冬麦的出现。

冬麦在商代即已出现。据文献反映，春秋战国以前，以春麦栽培为主。到春秋初期，冬麦在生产中才露了头角。冬麦的出现是麦作适应我国自然条件所发生的最大的改变，也是小麦在我国推广最具有革命意义的一步。

冬麦出现的意义还不止于此。由于我国传统的粮食作物多是春种、秋收，每年的夏季往往会出现青黄不接，引发粮食危机，而冬麦正好在夏季收成，可以起到缓解粮食紧张的作用，因此，受到广泛的重视。

自战国开始，主产区开始由黄河下游向中游扩展，汉代又进一步向西、向南大面积扩展。至晋代，小麦的收成直接影响国计民生。

小麦的推广伴随着种植技术的进步。冬小麦的出现，可以避免北方春季的干旱，但对于总体上趋于干旱的北方来说，秋季的土壤墒情虽然好于春季，但旱情还是存在的，更为严重的是，入冬以后的低温也可能对出苗不久的幼苗产生危害。

为了防止秋播时的少雨和随后冬季暴寒，以及春季的干旱，古人除了兴修水利强化灌溉和沿用北方旱作所采用的"区种法"等抗旱技术以外，也采取了一些特殊的栽培措施。如以物覆盖麦田，掩其风雪，令麦耐寒耐旱而又籽粒饱满。

这在西汉末年成书的《氾胜之书》中都有总结。在此基础上，北魏贾思勰在《齐民要术》一书中又对包括小麦在内的北方旱地农业技术进行了全面的总结，标志着我国传统的旱地耕作技术体系的形成，为小麦种植的发展奠定了坚实的技术基础。

唐代以前，北方地区的小麦和粟相比，仍然处在次要的地位。在《齐民要术》中，大麦、小麦被排在了谷、黍、穄、粱、秫、大豆、小豆、大麻等之后，位置仅先于北土不太适宜的水稻。

唐初实行的赋税政策中规定，国家税收的主要征收对象是粟，小麦则属于杂粮之列。到了唐中后期，小麦的地位才上升到与粟同等重要的地位。

780年所实行的"两税法"，已明确将小麦作为征收对象。唐末五代农书《四时纂要》中所记载的大田作物种类与《齐民要术》相当，但有关麦类农事活动出现的次数却是最多。

唐以后，北方麦作技术还在发展。至明末，燕、秦、晋、豫、齐、鲁诸道，农作物中小麦的种植面积已经占有一半。至此，小麦在我国北方的地位已经确立。

小麦在南方的推广较之北方要晚许多，并且是在北方的影响下发展起来的。汉以前江南无麦作，三国时吴国孙权曾经尝食蜀国使者费

祎带来的食饼。这是目前所知江南有面食最早的记载。

江南麦作的开始时间在吴末西晋时期，这和我国历史上第一次北方人口的南迁高潮是同步的。"永嘉之乱"后，大批北人南下，将麦作带到了江南。

例如，在无数的南迁者中，有一名叫郭文的隐士，就曾隐居吴兴余杭大辟山中穷谷无人之地，区种菽麦，采竹叶木实，进行盐的贸易以自供。

六朝时期麦作发展速度相对

较快，种植面积较大的地区在建康周围和京口、晋陵之间以及会稽、永嘉一带，也与北方人口的聚集有关。东晋初年，晋元帝诏令徐、扬二州种植小麦、大麦、元麦这三麦。这是江南麦作之最早记载。

尽管麦食不受南方人的欢迎，但麦子已成为一部分南方人的粮食。南朝时的沈崇傃、张昭等人以久食麦屑或日食一升麦屑粥的方式向已故的亲人行孝。

南朝的梁军在与北朝齐军交战时，在稻米食尽之后，皆以麦屑为饭，用荷叶包裹，分而食之。这样的例子在史书中所在多有。

唐宋时期，随着国家的统一，人口流动频繁，特别是唐"安史之乱"和宋"靖康之乱"以后，第二次和第三次北方人口南迁高潮的相继出现，将麦作推向了全国。

唐代诗文中有不少南方种麦的记载，经前人的整理，南方种麦的区域主要有：岳州、苏州、越州、润州、江州、台州、宣州、荆州、池州、饶州、容州、楚州、鄂州、湘州、夔州、峡州、云南等地。

入宋以后，南方麦作发展得更为迅速。唐时被认为不宜于麦作的岭南地区在北宋时也已有了麦的种植。宋室南迁后，小麦在南方的种植更是达到了高潮。

当时麦类作物中不仅有小麦和大麦，而且还有不同的品种。长江中游的湖南，岭南的连州、桂林等地当时都有麦类种植。

南方原本以稻作为主，随着麦作的发展，出现了稻麦复种的二熟制。另据史书记载，二熟麦收割后再有用麦田种晚稻的。淮南地区也出现了麦地种稻，稻田种麦的记载。

随着麦作的发展，麦类在以水稻为主粮的南方地区的粮食供应中也开始起到举足轻重的作用，其重要性仅次于水稻。

而二熟制已成稻农之家数月之食，二麦的丰收也因此称作"小丰年"。面粉成为人们的日常生活的必需品，曾经和牛、米、薪一道成为民间日用品，在交易中可以免税。

技术的进步也在麦作向我国南方的推广中扮演着重要的角色。南方种麦所遇到的困难和北方不同，其主要的障碍便是南方地势低湿。

因此，南方的小麦种植最先可能是在一些坡地上种植，因为这些地方排水较好。

此外，当稻麦复种出现之后，人们先是采用"耕治晒暴"的方法来排干早稻田中的水分，再种上小麦，实现稻麦复种。到了元代以后，又出现了开沟整地技术，以后一直沿用，并逐渐深化，对于小麦在南方的推广起到至关重要。

小麦在我国的推广经历了一个漫长曲折的过程，它的影响却深远而伟大。这种影响不仅表现在时间上的延续以及空间上的扩展，更反映在对我国原有作物种植及在粮食供应中的影响。

小麦在我国的推广，使得我国本土原有的一些粮食作物在粮食供应中的地位下降，甚至是退出了粮食作物的范畴。这从我国主要粮食作物及其演变中便可以看出。

我国是农作物的起源中心之一。农业发明之初，当时种植的作物

可能很多，故有"百谷"之称。然而，最初的"百谷"之中，可能并不包括麦。而当"百谷"为"九谷"、"八谷"、"六谷"、"五谷"、"四谷"所代替时，其中必有麦。

起初，麦在粮食供应中的地位并不靠前，当它的地位节节攀升的时候，与之一道并称为"九谷"、"八谷"、"六谷"、"五谷"的一些谷物，却纷纷退出粮食作物行列。

比如，麻在我国栽培已有近5000年的历史，比小麦还早，其茎部的韧皮是古代重要的纺织原料，它的籽实，古代称为苴，一度是重要的粮食之一，也因此称为"谷"。

然而，这样一种重要的粮食作物在后来却慢慢地退出了主食的行列，到五谷或四谷时已不见其踪影，特别到了宋代以后，人们只知有做蔬菜食用的茭白，成了被遗忘的谷物。

还有一些作物虽然还是粮食作物，并且是主要的粮食作物，但在粮食供应中的地位却下降了。粟、黍在很长的时间里都是我国北方首屈一指的粮食作物，然而入唐以后，粟、黍的地位开始发生动摇。

这在农书中得到反映，《齐民要术》所载的各种粮食作物的位置中，粟列于首位，而大麦、小麦和水、旱稻却摆得稍后。《四时纂要》中则看不到这种差别，有关小麦的农事活动出现次数反而最多。

由此可见，麦已取代了粟的地位，成为仅次于稻的第二大粮食作物。这种地位形成之后，就是在玉米、甘薯、马铃薯等传入我国之后也没有被撼动。

小麦是外来作物中最成功的一种，受到了最广泛的重视。这是它成功的原因，也是它成功的标志。我国历史上种植的作物不少，而像麦一样受到重视的不多。

从宋代到清代，政府对于能够稳定南方小麦种植是非常重要的。上行下效，一些地方官也致力于小麦推广，发布文告，劝民种麦。经过长期共同努力，小麦在我国各地的推广取得了成功。小麦的推广不仅改变了我国人的粮食结构，也影响了我国人的饮食习惯。

拓展阅读

如果把宋代看作小麦经济和水稻经济的分水岭，我们会发现，水稻接掌我国农业后，我国统一王朝的更迭周期比过去延长了。

从秦始皇建立中央集权的统一王朝开始算起，到北宋建立之前，我国一共经历了10个朝代更迭，历时1180余年。而从北宋到清代灭亡，一共5个王朝，历时950余年。

北宋以前朝代更迭频繁，与黄河流域的小麦农业不无关系；北宋以后以长江流域的水稻生产作为帝国生存的基础。显然大大改善了帝国的健康状态。

玉米的传入和推广

玉米原产于南美洲，7000年前美洲的印第安人就已经开始种植玉米。此后，玉米成为世界上分布最广泛的粮食作物之一，种植面积仅次于小麦和水稻而居第三位。

大约在16世纪中期，我国开始引进玉米，到了明朝末年，玉米的种植已达十余省，如河北张家口的"玉米之乡"，还有吉林、浙江、福建、云南、广东、广西、贵州、四川、陕西、甘肃、山东、河南、安徽等地。

玉米原来叫玉蜀黍，原产于美洲。1492年，当意大利探险家哥伦布踏上美洲的一个岛屿时，就"发现了一种名叫麦兹的奇异谷物。它甘美可口，焙干，可以做粉"。

哥伦布的这篇日记，曾被认为是世界上关于玉米的最早文字记载；学术界也曾经认为自哥伦布发现新大陆后，玉米才在世界上传播开来。

事实上，我国引种玉米的时间，早于哥伦布发现新大陆的时间。明代名士兰茂所著的《滇南本草》中，就有关于玉米的记载："玉麦须，味甜，性微温，入阳明胃经，通肠下气，治妇人乳结红肿或小儿吹着，或睡卧压着，乳汁不通。"

兰茂生于1397年，卒于1476年。即使不计算此前我国对玉米的认识和使用的过程，这一记载也早于哥伦布的日记。因此，我国玉米的引进当在哥伦布发现新大陆之前。

据学者研究认为，玉米传入的路线有3条：一是从西班牙传到麦加，再经中亚引种到我国西北地区；二是从欧洲传到印度、缅甸，再传入我国西南云贵地区；三是从欧洲传到菲律宾，再由葡萄牙人或中国商人经海路传到我国福建、浙江、广东等沿海地区。

　　玉米传入我国后，就由华南、西南、西北向国内各地传播。因为是新引入的作物，每在一地推广，当地便给它取名字，因而玉米的异称甚多。除称"番麦"、"西天麦"、"玉蜀黍"外，还有"包谷"、"六谷"、"腰芦"等名称。

　　玉米在明代传入之初，尚未列入谷物而被人们视为珍稀之物。如明末学者田艺衡在他的《留青日札》中记载了玉米，书中说：

　　　　御麦出于西番，旧名番麦，以其曾经进御，故曰御麦。

　　《留青日札》还对玉米的形状进行了描述：

　　　　干叶类稷，花类稻穗，其苞如拳而长，其须如红绒，其粒如芡实，大而莹白，花开于顶，实结于节，真异谷也。

田艺衡是钱塘人，当时钱塘一带也有种植，他说"吾乡传得此种，多有种之者。"

我国各省府县志中保存着丰富的有关玉米的记载。玉米传入后，首先是从山区开始种植的，到明代末年的1643年为止，玉米已经传播到河北、山东、河南、陕西、甘肃、广西、云南等10省。还有浙江、福建两省，虽则明代方志中没有记载，但有其他文献证明在明代已经栽培玉米。

玉米在我国的传播可以分为两个时期，由明代中期到明代后期是开始发展时期，明代后期这种农作物已传播到全国近半数省区。到了清代前期，全国各省县份多已种植。

清代玉米集中产区是中部的陕鄂川湘桂山区、西南的黔滇山区、东南的皖浙赣部分山区，华北和东北的玉米集中区主要在清后期至民国年间形成。

　　清初50多年，至1700年为止，方志中记载玉米的比明代多了辽宁、山西、江西、湖南、湖北、四川6省。1701年以后，记载玉米的方志更多，至1718年为止，又增加了台湾、贵州两省。单就有记载的来说，从1531年至1718年的不到200年的时期内，玉米在我国已经传遍20省。根据我国各省最早的文献记载，其年代的先后并不能代表玉米实际引种的先后，因为方志和其他文献记载，常有漏载和晚载的。

　　比如广西记载的玉米种植早于甘肃或云南30年左右，早于陕西60多年，早于四川一个半世纪以上，早于贵州差不多两个世纪。

　　江苏记载的玉米种植也早于甘肃和云南，浙江、福建、广东都早于陕西，四川、贵州20来年以至一个世纪以上。

　　玉米传入我国后成为我国重要的粮食作物。这种新作物的引种和推广，主要依靠广大农民群众的试种和扩大生产。勤劳而敏慧的农民大众，一旦看到玉米是一种适合于旱田和山地的高产作物，就很快地吸收利用。例如安徽1776年的《霍山县志》记载：四十年前，人们只在菜圃里偶然种一二株，给儿童吃，现在已经延山蔓谷，西南二百里内都靠它做全年的粮食了。

又如河北1886年的《遵化县志》记载，清代嘉庆年间，有人从山西带了几粒玉米种子来到遵化，开始也只是种在菜园里，可到了光绪年间就成为全县普遍栽培的大田作物了。可见发展的迅速。

我国本来有精耕细作的优良传统，农业技术已有相当高的水平，所以引种以后能够结合作物特性和当地条件，很快地掌握并提高栽培技术，并且培育出适合于当地的许多品种，创造出多种多样的食用方法。

玉米刚引进栽培时，除山区外一般都用作副食品。由于玉米的适应性较强，易于栽培管理，且春玉米的成熟期早于其他春播作物，未全成熟前又可煮食，有利于解决粮食青黄不接的问题，因而很快成为

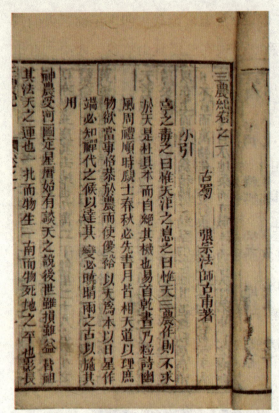

山区农民的主粮。

18世纪中期以后，我国人口大量增加，入山垦种的人日益增多，玉米在山区栽培随着有很大发展。

由于商品经济发展，经济作物栽培面积不断扩大，加以全国人口大幅度增殖，北方地区又限于水源，粮食生产渐难满足需要，玉米栽培发展到平原地区。后来的玉米栽培总面积更多，在粮食作物中产量仅次于稻、麦、粟，居于第四位，再后位次又有提前。

在栽培技术方面，清代的知识分子张宗法所撰写的综合性农学巨著《三农纪》中说玉米"宜植山土"，并介绍了点播、除草、间苗等珍贵经验。

《洵阳县志》中说山区种玉米，仅靠雨水维持玉米的生长，反映了当时栽培玉米不施肥料和粗放的管理措施。

随着玉米栽培面积的继续扩大，栽种技术才逐渐向精耕细作的方向发展。

在清代《救荒简易书》中，已讲到分别不同的土，应该施用不同粪肥和不同作物，以及玉米的宜忌和茬口等。

在长期的生产实践中，各地农民还分别选育了不少适应各地区栽植的玉米品种。仅据陕西《紫阳县志》所记，该县常种的玉米就有"象牙白"、"野鸡啄"等多种。在东南各省丘陵、山区，玉米逐渐分化为春播、夏播和秋播3种类型。

此外，在田间管理、防治虫害等各方面，也逐步取得了越来越成熟的经验。到20世纪，随着现代农业科学技术的应用，玉米栽培又进入了新的发展阶段。

总之，玉米的引进，解决了当时的一些社会问题，满足了日益增长的人口对粮食的需求，扩大了土地播种面积，促进了农村畜牧业的发展。同时，玉米栽培技术也在实践中逐步提高，为后来玉米在我国的增产增收打下了基础。

拓展阅读

玉米是世界上分布最广的粮食作物之一，种植面积仅次于小麦和水稻。种植范围从北纬58度至南纬40度。世界上每一年的每个月都有玉米成熟。

我国从明代引进玉米后，经过数百年发展，目前种植地区主要集中在东北、华北和西南地区，大致形成一个从东北到西南的斜长形玉米栽培带。

其中黑龙江、吉林、辽宁、河北、山东、山西、河南、陕西、四川、云南等是主要省区。东北是我国玉米的主要产区，其中吉林是我国玉米生产第一大省，年产量近2000万吨。

古代高粱种植技术

高粱也叫蜀黍，现在北方俗称秫秫，在古农书里也有写作"蜀秫"或"秫黍"的。其实这些不过是一个名词的不同写法。

高粱是我国重要的旱粮作物。古人在高粱种植栽培上，注重与豆类等间作套种；遵循"种之以时，择地得宜，用粪得理"原则，提倡早种早收，注重田间管理，倡导及时收获。

高粱在我国种植很早。在山西万荣县荆村新石器时期遗址、辽宁省辽阳三道壕子西村、河南大河村新石器遗址、陕西长武县碾子坡遗址先周文化层、甘肃民乐东灰山新石器时期遗址、辽宁省大连市大嘴子村落遗址等处，均发现了炭化的高粱。

根据考古发现，辽宁、河北、陕西、江苏出土的炭化高粱子粒和茎秆推断，证明西周至西汉期间，高粱已在我国许多地方种植并有相当产量。

北魏贾思勰《齐民要术》将高粱列于"五谷、果蓏、菜茹非中国物产者"中，这里的"中国"指我国北方地区，即北魏的疆域，主要指汉水、淮河以北，不包括江淮以南。

以后的有些农书更进一步认为，高粱始种于蜀地。因此，高粱原产中原地区的可能性不大，原产我国东北地区、西南少数民族地区的可能性较大。

在高粱被驯化栽培后，并没有如粟、麦等大宗作物那样得到大规模地栽培种植，只在局部地区如辽宁、河北、陕西、江苏、四川等地种植。

高粱在古代种植面积小、种植区域分散，使得高粱的命名带有明显地域性，增加了名称的复杂性。而又因其形类稷、粱等，在古代高梁就被冠以纷繁复杂的名称。

高粱的古名多达20余种，对于古代高粱的名称，农史学界、考古学界长期以来见仁见智，众说纷纭，尚无定论。造成名称复杂多样主要原因是古代高粱种植面积小、种植区域分散。

高粱名称多，也从另一个角度说明，它在古代的种植范围是比较广泛的。在高粱种植过程中，古代劳动人民取得了丰富的经验。

在高粱轮作茬口的搭配上，清代祁寯藻《马首农言》说，高粱多在去年豆田种之。清代农工商部编的《棉业图说》指出，在种棉之地先种高粱及蚕豆，次年再行种棉，棉花与高粱轮作，不仅能使棉花佳美丰收，又能以收获的高粱供农夫牲畜之需用。

《棉业图说》还对棉花与高粱轮作作了规划：凡种棉者，宜将田

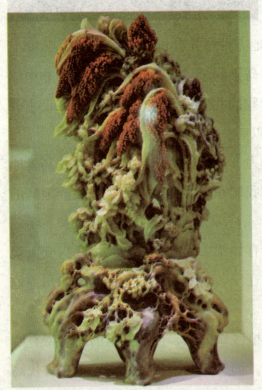

地划分甲乙两区，第一年以甲种棉，以乙种高粱、蚕豆。次年则以乙种棉，以甲种高粱、蚕豆。逐年轮流。可见高粱的最好前茬是豆类，而高粱是禾本植物，其须根仅吸地面之肥，因此是棉的理想前茬作物。

古代高粱在北方种的比较多，在南方为备荒也种植高粱，不过高粱一般不能在桑间种植。《农桑辑要》认为，桑间种植高粱，两者梢叶丛杂，就会导致都长不好。

高粱对土壤适应能力较强，有较强的抗逆性，抗旱、抗涝、耐盐碱、耐瘠薄、耐高温和寒冷等，无论在松散的沙壤土上还是在黏重的土壤上均可栽培。不过栽种高粱的土壤不宜过湿。

清代张宗法的《三农纪》和清代王汲的《事物会原》等许多农书，都认为高粱不宜种在地势低洼的地方。清代何刚德《抚郡农产考略》说："宜肥地，坚地，平原，旷野俱可种。"

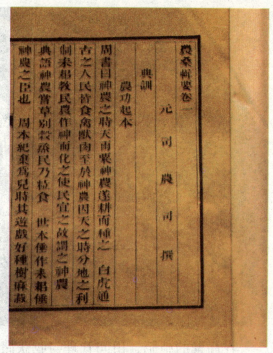

总之在土壤选择上，以种在肥沃疏松、排水良好的壤土或沙壤土最为适宜。并应根据不同种类高粱的特性，选用相宜的田土，遵循"择地得宜"原则。

在耕种时间上，高粱的种植要因地制宜，不同高粱品种有不同的播种时令。清代郭云升所撰《救荒简易书》对此作了详细记载："黑子高粱二月种"，"白子高粱三月种"，"快高粱三月种"，"冻高粱十月种"。

此外，清代农书还记载了当时比较普遍的高粱播种方式，如"耧种"、"点种"、"穴种"等。强调在播种过程中稀疏得当，适当密植。这些记载，说明到了清代，我国高粱播种技术已经日臻成熟，对后世高粱种植也有指导意义。

在高粱的施肥、田间管理与收获储存方面，古人也取得了丰富的经验。

高粱对肥料的反应非常敏锐，且吸肥力很强，因此施肥可以显著提高其产量。清代杨巩《中外农学合编》记载：

蜀黍消耗地力，略似玉蜀黍。不可连栽，肥料必须多施尤。

清代丁宜曾《农圃便览》也说："以粪多为上，踏实，风不侵，则苗旺"，肥料不足则会"雉尾短，粒亦细小"。高粱注重于基肥，因此在肥料的选用上宜用基肥。

为了使高粱在不同生育期中皆能获得充足的养分，除施用大量的基肥外，在生育期中更须施用追肥。清代何刚德《抚郡农产考略》认为，宜耘四五次，用肥五六次，每亩地需肥20余石，但用量不宜重，

"肥料追肥，则只用稀薄粪尿"。此外，清代相关资料还详细说明了糖高粱种植的施肥种类、用量等。

对于高粱的田间锄草及间苗，古人认为应注意中耕除草，去弱留强。清张宗法《三农纪》论及高粱植艺时说："苗生三四寸锄一遍；五六寸锄一遍；七八寸再锄以壅根。留强者，去弱者。苗及尺余，再耘耨，且耐旱，不畏风雨。"总之，锄不厌多，多则去草且易熟。

因高粱幼苗顶土能力差，应多锄破除土壤板结层；并且注重去弱留强，把良苗留，中耕时还要摘除歧枝。

对于高粱的收获储存，古人也有经验。高粱生育期在一百天左右，一般以穗色判断其是否成熟。古人对于高粱成熟的生物学特征描述，如《马首农言》说"熟以色之红紫为验"。高粱成熟后应及时收获，久留不刈会引起大量落粒损失。

为便于高粱收获，清杨巩《中外农学合编》提出："成熟之前，宜四五茎一束，可免倒仆"。高粱收获时，因其茎高丈许，在古代收割时，成束攒起，一手揽住，一手持镰收割，这个方法至今也在用。收获后高粱穗子要离开地面悬空摆放，充分晾晒干燥，达到一定水分标准时脱粒。

收获的高粱在古代一般经人工敲打脱粒，脱粒后的籽粒也要充分晒干入库。高粱储存时切忌雨湿。

经过古代劳动人民和后来者的长期努力，高粱已经形成东北和华北主产区，成为了仅次于稻、小麦、玉米、甘薯的粮食作物。

拓展阅读

高粱在世界范围内分布很广，形态变异多。高粱是我国最早栽培的禾谷类作物之一。有关高粱的出土文物及农书史籍证明，最少也有5000年历史了。

我国高粱的起源和进化问题，有两种说法：一说由非洲或印度传入，一说是我国原产。因为高粱在我国经过长期的栽培驯化，渐渐形成独特的中国高粱群。中国高粱叶脉白色，颖壳包被小，易脱粒，米质好，分蘖少，气生根发达，茎成熟后髓部干涸，糖分少或不含糖分等。

古代对大豆的栽培

大豆虽不是禾本科，也还是用它的籽粒当粮食，所以在谈古代农作物，尤其是粮食作物时，大豆还是很重要的。

我国是大豆原产地。在大豆栽培实践中，我国先民在从野生大豆开始培育优良品种，总结和发展大豆栽培技术等方面，都取得了巨大成就。并通过对外传播，对世界各国的大豆种植做出了贡献。

我国是世界公认的大豆起源中心。大豆产于我国，可以从我国大量的古代文献中得到证明。

商代已有大豆栽培。商代主要的农作物，如黍、稷、粟、麦、秕、稻、菽（即大豆）等都见于甲骨文卜辞。从殷商时期的甲骨文中，专家已经辨别出在农作物方面有黍、稷、豆、麦、稻、桑等，是当时人们主要依以为生的作物。

我国最早的一部诗歌集《诗经》收有西周时代的诗歌300余首，其中多次提到"菽"。如《豳风·七月》有"黍稷重，禾麻菽麦"。由《诗经》来看，我国栽培大豆已有3000年左右的历史。

西汉史学家司马迁在《史记》的头一篇《五帝本纪》中说，轩辕帝为修德振兵，采取的重要措施之一就是"鞠五种"，这"五种"就是黍稷菽麦稻，菽就是指大豆，由此可见，轩辕黄帝时已种植大豆。

根据在长沙出土的汉墓文物中有大豆一事，说明2000年前在我国南方已有大豆种植。

《宋史·食货志》记载，宋时江南一带曾遇饥荒，从淮北等地调运北方盛产的大豆种子到江南种植。从西汉农学家氾胜之的《氾胜之书》可以看出，2000多年前大豆在我国已经到处栽培。

除了古代文献，考古发掘方面的发现，也证实了大豆原产于我国。于山西省侯马县发现大豆粒多颗，根据测定，距今已有2300年，系战国时代遗物，黄色豆粒，百粒重约18克至20克。这是迄今为止世界上发现最早的大豆出土文物。它直接证明当时已有大豆种植。

于洛阳烧沟汉墓中出土的2000年前的陶制粮仓上，有用朱砂写的"大豆万石"字样。同时出土的陶壶上则有"国豆一钟"字样，都反映了我国种植大豆的悠久历史。

此外，长沙出土的西汉初年马王堆墓葬中，也发现有水稻、小麦、大麦、粟、黍、大豆、赤豆、大麻子。

根据古代文献、考古文物等证明，栽培大豆起源于我国数千年前。最早栽培大豆的地区在黄河中游，如河南、山西、陕西等地或长江中下游。

从商周到秦汉时期，大豆主要在黄河流域一带种植，是人们的重要食粮之一。当时的许多重要古书如《诗经》、《荀子》、《管子》、《墨子》、《庄子》里，都是菽粟并提。

《战国策》说："民之所食，大抵豆饭藿羹。"就是说，用豆粒做豆饭，用豆叶做菜羹是清贫人家的主要膳食。

先秦时期还用大豆制成盐豉，通都大邑已有经营豆豉在千石以上的商人，表明消费已较普遍。另外也有将大豆用作饲料的。

到了汉武帝时，中原地区连年灾荒，大量农民移至东北，大豆随之引入东北。东北土地肥沃，加上劳动人民世世代代的精心选择和种植，大豆就在东北安家落户。据《氾胜之书》记载，当时我国大豆的种植面积已占全部农作物的十分之四。

西汉以后，大豆利用更趋广泛。汉初已用大豆合面作酱。湖南长沙马王堆西汉墓出土的竹简上有"黄卷一石"字样，"黄卷"即今黄豆芽的古称。

秦汉时期众多医学家总结编纂的《神农本草经》中，也提到大豆黄卷，可能指早期作为药用的豆芽干制品。以后鲜豆芽即作为蔬菜。北魏贾思勰在《齐民要术》引述古籍《食经》中的"作大豆千岁苦酒法"，苦酒即醋，说明很早就用大豆作制醋原料。

这些记载都说明，汉代以后，我国北方的大豆逐渐成为蛋白质来源的副食品之一。

利用大豆榨油，大概在隋、唐以后。宋代著名文学家苏轼《物类相感志》称"豆油煎豆腐，有味"以及"豆油可和桐油作舱船灰"，是有关豆油的最早记载。豆油之外的豆饼则被用作饲料和肥料。

明代《群芳谱》、《天工开物》和清初《补农书》中有用大豆喂猪和肥田的记载，但一般仅限于"豆贱之时"。

明末清初叶梦珠在《阅世编》指出：

豆之为用也，油、腐而外，喂马溉田，耗用之数几与米等。

可见当时大豆已成为最重要的作物之一。

关于豆腐的发明，相传是始于汉代淮南王刘安。河南密县打虎亭东汉墓出土的线刻砖上，有制作豆腐全过程的描绘。

栽培大豆是从野生大豆经过人工栽培驯化和选择，逐渐积累有益变异演变而成的。从野生大豆到栽培大豆有不同的类型。从大豆粒形、粒大小、炸荚性、植株缠绕性或直立性等方面的变化

趋势，可以明显地看出大豆的进化趋势。一般野生大豆的百粒重仅为2克左右，易炸荚，缠绕性极强。半野生大豆百粒重为4克至5克，炸荚轻，缠绕性也较差。

从半野生大豆到栽培大豆间还存在不同进化程度的类型。用栽培大豆与野生大豆进行杂交，其后代出现不同进化程度的类型，介于野生大豆和栽培大豆之间。这也可以间接地证明栽培大豆是从野生大豆演变而来的。

野生大豆是大豆的祖先。我国古代先民对野生大豆经过培育后，开始广泛种植，遍布全国南北各地。

西周、春秋时，大豆已成为仅次于黍稷的重要粮食作物。战国时，大豆与粟同为主粮。但栽培地区主要在黄河流域，长江以南被称之为"下物"，栽种不多。

两汉至宋代以前，大豆种植除黄河流域外，又扩展到东北地区和南方。当时西自四川，东迄长江三角洲，北起东北和河北、内蒙古，南至岭南等地，已经都有大豆的栽培。

宋代初年为了在南方备荒，曾在江南等地推广粟、麦、黍、豆等，南方的大豆栽培因之更为发展。与此同时，东北地区的大豆生产也继续增长，记述金代史事的纪传体史籍《大金国志》中，有女真人"以豆为浆"的记述。

清初关内移民大批迁入东北，又进一步促进了辽河流域的大豆生产。康熙年间开海禁，东北豆、麦每年输上海千余万石，可见清初东北地区已成为大豆的主要生产基地。

我国古代劳动人民早就对大豆根瘤有清楚的认识，因此，古人很早就使得大豆与其他作物进行轮作、间作、混种和套种。

在《战国策》和《僮约》中，已反映出战国时的韩国和汉初的四川很可能出现了大豆和冬麦的轮作。后汉时黄河流域已有麦收后换种大豆或粟的习惯。

从《齐民要术》记载中，可看到至迟在6世纪时的黄河中下游地区已有大豆和粟、麦、黍稷等较普遍的豆粮轮作制，南宋农学家陈旉在他的《农书》中，还总结了南方稻后种豆，有"熟土壤而肥沃之"

的作用。其后，大豆与其他作物的轮作更为普遍。北魏贾思勰在《齐民要术》中，介绍了大豆和麻子混种，以及和谷子混播作青荛饲料的情况。宋元间的《农桑要旨》说桑间如种大豆等作物，可使"明年增叶分"。

明末科学家徐光启的《农政全书》，也说杉苗的"空地之中仍要种豆，使之二物争长"。

清代举人刘祖宪的《橡茧图说》也说，橡树"空处之地，即兼种豆"，介绍的是林、豆间作的经验。清代《农桑经》说：大豆和麻间作，有防治豆虫和使麻增产的作用。

古代对豆地的耕作和一般整地相仿，但因黄河流域春旱多风，多行早秋耕，以利保墒、消灭杂草和减轻虫害。同时对大豆虽能增进土壤肥力但仍需适当施肥、种豆时用草灰覆盖可以增产等也早已有所认识。总之，大豆和其他作物的轮作或间、混、套种，以豆促粮，是中国古代用地和养地结合，保持和提高地力的宝贵经验。

在大豆栽培技术方面，古人主要注意到了两点，一是种植密度，二是整枝。

关于种植密度，东汉大尚书崔寔作的《四民月令》指出"种大小

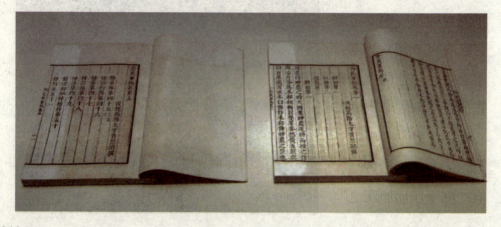

豆，美田欲稀，薄田欲稠"，因为肥地稀些，可争取多分枝而增产，瘦地密些，可依靠较多植株保丰收。直至现在一般仍遵循这一"肥稀瘦密"的原则。

整枝是摘除植株部分枝叶、侧芽、顶芽、花、果等，以保证植株健壮生长发育的措施，有时也用压蔓来代替。

在文献上对此记载较迟，清代张宗法撰写的《三农纪》提到若秋季多雨，枝叶过于茂盛，容易徒长倒伏，就要"掐其繁叶"，以保持通风透光。间接反映了四川种植的是无限结荚型的大豆。

大豆在长期的栽培中，适应南北气候条件的差异，形成了无限结荚和有限结荚的两种生态型。北方的生长季短，夏季日照长，宜于无限结荚的大豆；南方的生长季长，夏季日照较北方短，适于有限结荚的大豆。

我国的大豆曾经传到世界上的许多国家。我国很早以前就同朝鲜人民在经济文化上有频繁交往。战国时期，燕齐两地人民和朝鲜即有交往，由此大豆传入朝鲜。

秦汉的大一统，各地间交流的加快，以及人口的快速增长造成对五谷需求的加大，这都为大豆在中国境内的扩散提供了空前的便利。同时，改良的大豆品种，也开始传播到与中国临近的地区，如朝鲜半岛和日本岛等。

我国大豆大约于公元前200年自华北引至朝鲜，后由朝鲜引至日本。日本南部的大豆，可能在3世纪直接由商船自华东一带引入。在以后的相当长一段时期，栽培大豆的分布格局没有变化。

直至17世纪末，随着国际间贸易和交往的繁荣，大豆开始被南亚以及亚洲以外的人所认识并种植，最终大豆扩散到欧洲、南美和北美等地区，并最终形成了后来的分布格局。

大豆现已成为除水稻、小麦和玉米3种粮食作物之外产量最多的农作物，也是世界上经济意义最大的一种豆科作物。

拓展阅读

豆类泛指所有产生豆荚的豆科植物；同时，也常用来称呼豆科的蝶形花亚科中的作为食用和饲料用的豆类作物。在成百上千种有用的豆科植物中，至今广为栽培的豆类作物近20种。

大豆在豆类作物中蛋白质含量居首位，为重要的蛋白质和油料作物。用大豆制成的豆腐、豆芽和酱油是我国极普遍的副食品。

豆油除供食用外，可制油漆、肥皂、甘油、润滑油，还可制人造羊毛，又为医药原料。大豆榨油后的麸饼均为优质饲料和肥料。

甘薯的引种和推广

　　甘薯的食用部分是肥大的块根，这一点和谷类截然不同。甘薯是我国主要粮食之一。

　　甘薯在明代的文献中称为"白蓣"、"红蓣"、"紫蓣"、"红薯"、"金薯"、"蕃柿"、"白薯"、"番薯"、"红山药"等。

　　原产南美洲的墨西哥和哥伦比亚一带，1492年哥伦布航海至美洲后逐渐传播到欧洲和东南亚。

　　明万历年间，甘薯传入我国的广东、福建等地，而后向长江、黄河流域及台湾省等地传播，并很快在全国大量种植。

甘薯传入我国，其传入和推广的途径是错综复杂的。有一个说法是要归功于广东东莞人陈益。

据《陈氏族谱》记载，陈益于1580年随友人去安南，当地酋长以礼相待，每次宴请，都有味道鲜美的甘薯。但安南当地法例，严禁薯种出境。陈益就以钱物买通了酋长手下的人，在他们的帮助下得到薯种，于1582年带回国。

陈益将甘薯种先在花坞里时行繁殖，继而在祖茔地后购地35亩，进行扩种。因薯种来自番邦，故名为"番薯"。

自此之后，番薯种植遍布天南，成为人们的主要杂粮。陈益临终时曾经遗书后人，嘱咐每逢祭奠，祭品中必要有番薯，陈氏后人代代遵循。

关于甘薯的传入还有一个说法。明万历初年，福建长乐人陈振龙

到吕宋，即菲律宾经商，看到甘薯，想把它传入祖国以代粮食。但当时的吕宋不准薯种出国，陈振龙就用重价买得几尺薯藤，于1593年5月带回祖国。

陈振龙的儿子陈经纶向福建巡抚金学曾推荐甘薯的许多好处，并在自家屋后隙地中试栽成功。金学曾于是叫各县如法栽种推广。第二年遇到荒年，栽培甘薯的地方以甘薯为食，减轻了灾荒的威胁。

至此以后，陈经纶的孙子陈以桂便把它传入浙江鄞县，陈以桂的儿子陈世元又将薯种传入山东胶州，陈世元的长子陈云、次子陈燮传种到河南朱仙镇和黄河以北的一些区县，三子陈树则传种到北京的齐化门外、通州一带。其中陈世元还著有《金薯传习录》。

为了纪念金学曾、陈振龙、陈经纶、陈世元等人的功绩，人们在福州建立"先薯祠"，以示怀念。

也有人说甘薯是先从吕宋传入泉州或漳州，然后向北推广到莆田、福清、长乐的，说法不一。当时福建人侨居吕宋的很多，传入当不止一次，也不止一路。

广东也是迅速发展甘薯栽培的省份，在明代末年已和福建并称。传入途径也不止一路，其中有自福建漳州传来的，也有从交趾传来的。

据载，当时交趾严禁薯种传出，守关的将官私自放医生林怀兰过关传出薯种，而自己投水自杀。后人建立番薯林公庙来纪念林怀兰和那个放他的关将。

江浙的引种开始于明代末年。著名农学专家徐光启曾作《甘薯疏》大力宣传，并多次从福建引种到松江、上海。到清代初年，江浙已有大量生产。

其他各省，明代栽培甘薯没有记载，清代乾隆以前的方志，有台湾、四川、云南、广西、江西、湖北、河南、湖南、陕西、贵州、山

东、河北、安徽诸省有甘薯的记载。

这些记载未必能代表实际的先后次序，因为常有漏载、晚载。根据有记载的来说，福建、广东、江苏、浙江四省在明代已有栽培，其他关内各省、除山西、甘肃两省外，都在清初的100余年间，也就是1768年以前，先后引种甘薯。

大体说来，台湾、广西、江西可能引种稍早；安徽、湖南紧接在江西、广西之后；云南、四川、贵州、湖北也不晚，山东、河南、河北、陕西或者稍晚，但相差不会太久。

甘薯传入后发展很快，明代末年福建成为最著名的甘薯产区，在泉州每斤不值一文钱，无论贫富都能吃到。在清初的百余年间，甘薯先后在不少地区发展成为主要粮食作物之一，有"甘薯半年粮"的说法。

甘薯是单位面积产量特别高的粮食作物，亩产几千斤很普通。而

且它的适应性很强，能耐旱、耐瘠、耐风雨，病虫害也较少，收成比较有把握，适宜于山地、坡地和新垦地栽培，不和稻麦争地。这一些优点，强烈地吸引着人们去发展它的栽培。

这种发展不是轻易得来的。不少传说中曾谈到某些外国不准薯种出国，我们先人则想方设法引入国内。这些传说虽然不一定可靠，但是古代交通不便，从外国引种确实有一定困难的。若不是热爱祖国，关心生产和善于接受新事物，是不会千方百计地把薯种传入国内的。传入后并不自私，有的还尽力宣传推广。

由于很多人的辛勤劳动，甘薯在我国种植的范围很广泛，南起海南省，北到黑龙江，西至四川西部山区和云贵高原，均有分布。

根据甘薯种植区的气候条件、栽培制度、地形和土壤等条件，一般将全国的甘薯栽培划分为5个栽培区域：北方春薯区、黄淮流域春夏薯区、长江流域夏薯区、南方夏秋薯区和南方秋冬薯区。

全国各薯区的种植制度不尽相同：北方春薯区一年一熟，常与玉米、大豆、马铃薯等轮作。黄淮流域春夏薯区的春薯在冬闲地春栽，夏薯在麦类、豌豆、油菜等冬季作物收获后插栽，以二年三熟为主。

长江流域夏薯区甘薯大多分布在丘陵山地，夏薯在麦类、豆类收获后栽插，以一年二熟最为普遍。南方夏秋薯区和南方秋冬薯区，甘薯与水稻的轮作制中，早稻、秋薯一年二熟占一定比重。

北回归线以南地区，四季皆可种甘薯，秋、冬薯比重大。旱地以大豆、花生与秋薯轮作；水田以冬薯、早稻、晚稻或冬薯、晚秧田、晚稻两种复种方式较为普遍。

甘薯在国内各地区之间的传播、驯化的过程中，人们摸索出一套适宜于所在地区的栽培技术，并先后在各地培育出许多品种。与此同时，聪明的古人还发明了甘薯的无性繁殖技术，解决了甘薯藏种越冬

的问题。

甘薯越冬技术是古人经过长期实践总结出来的。由于甘薯块根包含很多水分，容易腐烂，各地就创造出各种保藏的方法。如晒干成甘薯片、甘薯丝或粒子，晒干磨粉或去渣制成净粉，以及井窖贮藏鲜薯等。

人们还发现甘薯有许多的用途，既可用来酿酒、熬糖，又可以做成粉丝等各种食品。所有这些，突出地表现出我国古代劳动人民的勤劳和无穷智慧。

拓展阅读

乾隆皇帝晚年曾患有老年性便秘，太医们千方百计地为他治疗，但总是疗效欠佳。

一天，他散步路过御膳房，一股甜香迎面扑来。原来是一个太监正在烤红薯。乾隆从太监手里接过烤红薯，就大口大口地吃了起来。吃完后连声道："好吃！好吃！"此后，乾隆皇帝天天都要吃烤红薯。

不久，他久治不愈的便秘也不药而愈了，精神也好多了。乾隆皇帝对此十分高兴，便顺口夸赞说："好个红薯！功胜人参！"从此，红薯又得了个"土人参"的美称。

棉花的传入与推广

棉花是最重要的经济作物之一，棉花的原产地在印度河流域，从那里开始传播到世界各地。我国棉花栽培历史悠久，约始于公元前800年，我国是世界上种植棉花较早的国家之一。

棉花传入我国之后，在不同的时代发展状况也是不同的，从开始进入我国到各区域的种植有一个历史的过程。棉花的种植在我国的农业史和经济史上都有着重要的影响。

　　棉花原产于印度的印度河河谷。我国是世界上种植棉花较早的国家之一。据战国时成书的《尚书》记载，我国战国时期就有植棉和纺棉的。

　　《尚书·禹贡》中有"岛夷卉服，厥篚织贝"之载，古今不少学者认为"卉服"就是指的棉布所制之衣，故作为沿海地区向不出产棉花的中原的贡品。

　　棉花传入我国，大约有3条不同的途径。一是印度的亚洲棉，经东南亚传入我国海南岛和两广地区。二是由印度经缅甸传入云南。这两条路径的时间大约在秦汉时期。三是非洲棉经西亚传入新疆、河西走廊一带，时间大约在南北朝时期。

　　棉花通过以上3条道路传入我国之后，长期停留在边疆地区，未能广泛传入中原。851年，著名的阿拉伯旅行家苏莱曼在其《苏莱曼东游记》中，记述在今天北京地区所见到的棉花还是在花园之中作为"花"来观赏的。唐宋的文学作品中，"白叠布"、"木棉裘"都还是珍贵之物。北宋末年棉布主要还是在岭南地区生产的。

棉花传入我国后，它的名字曾经有很多变化。宋元以前的文献记载中，都是"古贝"、"吉贝"、"古终"、"白叠子"等字眼。

我国本来是没有"棉"字，但有"绵"字，而"绵"是指丝绵，传统意义上仅指天然蚕丝绵。我国的丝织业在古代是很发达的，由绵变为棉，可能在唐宋之间。

南宋中期以前，文字中已有"木"字旁的"棉"字了。而在北宋初，则应仍作"木棉"。明代著名药物学家李时珍《本草纲目》对于木棉的释名，也是"古贝"，书中记载：

> 木棉有两种，似木者名古贝，似草者名古终，或作吉贝者，乃古贝之讹也。

可能是跟宋代的一些书籍记载有关。

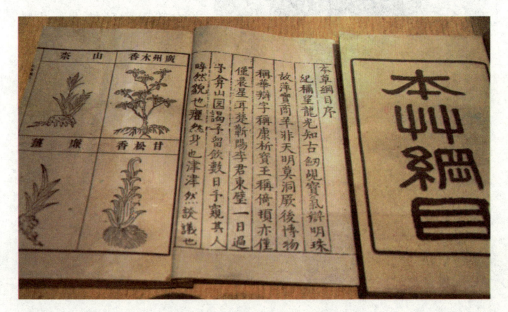

事实上，棉花现在的名字是从宋末开始使用的，宋以前用的是它的古名字，到元朝是一个过渡，像元代的书中有的是"绵"，有的是"棉"，到了明朝的时候一般都用"棉"字，清代普及使用。

我国种棉初期及其地域，在入宋以后，闽南各地种棉的比较多。种棉业普及发展时期是从元开始的。元初提倡农业，诏修《农桑辑要》，当时参与修纂之事者，如苗好谦、畅师文、孟祺等，都主张推广种棉，他们大谈种棉的好处。

元代初年，元世祖忽必烈诏置浙东、江东、江西、湖广、福建木棉提举司，可以看出当时对棉花种植的重视，自此棉之种植渐广。

元政府大规模向人民征收棉布实物，每年多达10万匹，后来又把棉布作为夏税之首，可见棉布已成为主要的纺织衣料。

元代王祯的《农书》注重推广种棉花，详细记录了种棉的具体方法，也使得棉花在我国的种植进一步扩大，棉织品也进一步发展。

根据王祯《农书》记述：

一年生棉其种本南海诸国所产，后福建诸县皆有，近江东、陕右亦多种，滋茂繁盛，与本土无异。

这说明一年生棉是从南海诸国引进，逐渐在沿海各地种植，进而传播到长江三角洲和陕西等地的。

元初的黄道婆改革家乡的纺织工具和方法，生产较精美的棉布，推动了松江府一带手工棉纺织业的兴起，也对长江三角洲的植棉业起了促进作用。这一时期棉花的栽培技术和田间管理也日趋进步。

到明代时大部分人知道了种棉的方法，这为棉花进一步普及奠定了基础。明太祖朱元璋立国之初，即令民"田五亩至十亩者，栽桑麻棉各半亩；十亩以上倍之；又税粮亦准以棉布折米"。可以看出当时政府对棉花种植的重视。

从明代科学家宋应星的《天工开物》中所记载的"棉布寸土皆有"，"织机十室必有"，可知当时植棉和棉纺织已遍布全国。

明代经济学家邱浚在《大学衍义补》中说，棉花"至我朝，其种乃遍布于天下，地无南北皆宜之，人无贫富皆赖之。"

据明代农学家徐光启《农政全书》记载"精拣核，早下种，深根短干，稀科肥壅"4句话，通称为"十四字诀"，总结了明末及以前的植棉技术。

当时，长江三角洲已进行了稻、棉轮作，这样就可以消灭杂草、提高土壤肥力和减轻病虫害；很多棉田收获后播种黄花苜蓿等绿肥，或三麦、蚕豆等夏收作物，创造了棉、麦套作等农作制，使植棉技术达到了新的高度。

明代晚期，种棉业不但普及全国，而且人们根据一些标准可以判

断它的优劣，知道选种的技巧。由于棉花的种植，使江南经济走在全国的前面。棉花为明代的农业生产开创了新局面。

清代的棉花种植范围进一步扩大，所种的面积也有所增大，价格也是很高的。经济作物的种植受市场供需关系及价格上下的影响，棉花的价格高，种植就较多。当时凡是能适合种棉花的地方，都有棉花的种植，并且品种不一样。

清代大规模引种陆地棉的是湖广总督张之洞，他于1892年及1893年两次从美国购买陆地棉种子，在湖北省东南15县试种。

明清时期植棉业主要分布在三大区域：一是长城以南、淮河以北的北方区。包括北直隶、山东、河南、山西、陕西五省。明代山东、河南两省产棉量最丰富，冠于全国。而清代则北直隶有很大发展。山西、陕西次之。

二是秦岭、淮河以南、长江中下游地区。包括南直隶、浙江、湖广、江西数省。其中以南直隶松江府产棉最富。湖广、浙江稍次，江西又次之。长江三角洲南岸的松、苏、常三府和北岸的泰州、海门、如皋都是重要产棉区。

三是华南、西南地区。包括两广、闽、川、滇，这里是最早植棉

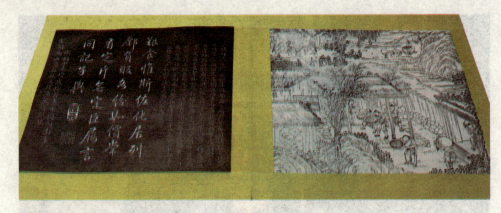

区，但在明清时产量不高。

我国棉纺业的发展和历史上各个时期棉花种植面积扩大与产量的提高，有着直接的关系。换言之，棉花的传入和推广，催生了我国棉纺业的产生和发展，在我国棉纺史上具有重要意义。

拓展阅读

明代科学家徐光启，从小就有着的强烈好奇心。有一次，徐光启看见自家棉田挂满了棉花，心里乐开了花。但他发现隔壁阿伯家的棉花比自己家的结得多、结得大，就偷偷地去看阿伯种棉花，却看到一个老人掐掉自己棉田里的棉桃。

他想弄明白这个问题，就去请教阿伯，"刨根问底"学了个清楚，还说服父亲也采用这种科学的种棉方法，最后取得了丰收。

徐光启长大后，就是凭着这种探索的精神，写出了《农政全书》，被誉为古代农业的百科全书。

唐代以后的茶树栽培

我国古代的茶树栽培，是茶叶生产史上第一次也是最有决定意义的一次飞跃。

我国茶树栽培技术，实际是从陆羽《茶经》及其后的《四时纂要》始有记载的，尤其是《茶经》中的记载，是一个历史性高起点，以至于以后相关文献中对于茶树栽培技术的记载，一般都是抄引《茶经》和《四时纂要》的内容。

因此，唐及其后茶树栽培的各项具体技术，体现了我国古代在这一领域的最高成就。

从我国古籍记载的情况来看，我国古代对茶树生物学特性的认识，主要也就是讲茶树对外界环境条件的要求。而这方面的记载，最早也是从唐代"茶圣"陆羽的《茶经》开始的。

陆羽在他的作品《茶经》的开篇就指出："茶者，南方之嘉木也"；"其地，上者生烂石，中者生砾壤，下者生黄土"；"野者上，园者次……阴山坡谷者，不堪采掇。"

这几句话的意思是说：茶，是我国南方的优良树木；种茶的土壤，以岩石充分风化的土壤为最好，有碎石子的砾壤次之，黄色黏土最差；以山野自然生长的为好，在园圃栽种的较次……生长在背阴的山坡或山谷的品质不好，不值得采摘，因为它的性质凝滞，喝了会使人腹胀。

这些话，明确指出了茶的品质与外界环境条件有较大关系。

据《茶经》和唐末韩鄂的《四时纂要》载：种茶开坑以后，要"熟"保，两年以后"耘治"，要用小便、稀粪和蚕沙浇壅；茶宜种在一定坡度的山坡，平地"须于两畔开沟垄泄水"等。

从上面记载，我们不难看出，关于茶树对外界环境条件的要求，至少在唐代时就认识到这样几点：茶树是一种喜温湿的作物，寒冷干旱的北方不宜种植；茶树不喜阳光直射，具有耐阴的特性；

茶宜种于土质疏松、肥沃的地方，黏重的黄土不利茶树生长；茶树根系对土壤的通透性有一定的要求，耘治能促进茶树生长；茶地要求排水良好，地下水位不能过高，更不能积水。

宋代关于茶树对外界环境条件要求的记载，既多又具体。如北宋文学家苏轼说"细雨足时茶户喜"；北宋宋子安《东溪试茶录》载："茶宜高山之阴，而喜日阳之早"；南宋孝宗时人赵汝砺《北苑别录》讲，每年六月要锄草一次。

这些记载，除苏轼说明了茶树特别在芽叶生长旺季，要求空气中湿度要大以外，其他都只是对唐代提到的认识作些补充而已。宋以后的记载，多数是抄袭唐宋时的资料，当然在某些方面也有所发展。

茶树原是野生树，经先民驯化、栽培以后成为栽培种。在茶树栽培和形成一定的茶树栽培品种以后，人们对栽种的茶树个体，渐渐就出现和产生按照社会需要来选优汰劣的活动和技术。

陆羽在《茶经》中，不但第一次提到了茶有灌木和乔木等不同品

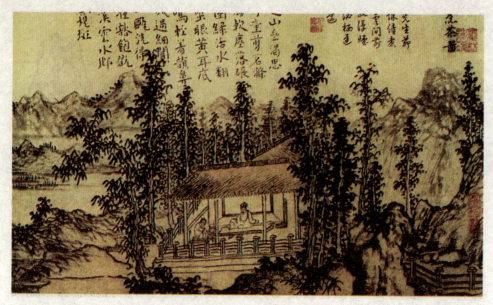

种，而且指出生长在"阴山坡谷"的茶树，由于其生境有逆茶树的植物学特性，品种不好，"不堪采撷"。但是，对茶树品种及其性状的系统介绍，还是到宋代宋子安的《东溪试茶录》中，才明确提出。

《东溪试茶录》中介绍了7种茶名，包括白叶茶、柑叶茶、早茶、细叶茶、稽茶、晚茶、丛茶，并对这7种茶的形态特征、生长特性、产地分布、栽培要点和制茶品质进行了具体描写。这是我国和世界上第一份也是整个古代有关茶树品种最为详细的调查报告。

不过，东溪沿岸栽种、生长的这些茶树品种，不是人们有意识选择的结果，一般只是对野生变异的一种发现和利用。

要讲茶树的繁殖，当从茶树的栽培讲起。我国古代最早种茶的情况已不清楚，从陆羽《茶经》"法如种瓜"的记载来看，唐代是采取丛直播，当时种瓜就是穴播，就是在地上挖坑把种子埋了。

另外说明唐代一般不用移植，但也不认为茶树是不能移栽的。大概明代中期以前，我国种茶全部是采取直播法。

茶树繁殖采用的直播和床播育苗移栽方法，都属于有性繁殖。在古代技术条件下，有性繁殖容易自然杂交和产生变异，很难保持纯良种性。

出于繁殖优良茶树品种的需要，历史上我国茶树品种资源最多的福建，在清代首先发明了茶树的压条技术，来繁殖名贵茶树品种了。

繁殖优良茶树，是我国古代长期探求的目标，所以，一旦任何领域出现了一种能够有效地繁殖优良树种的方法，茶树栽培就会及时加以吸收。

从文献记载来看，我国花卉方面压条繁殖的记述，最早见于《花镜》"压条"的记载。据此来推算，我国花卉的压条技术，当产生于明代后期；而福建茶树繁殖采用压条，大概是明末清初从种花技术中移植过来的。

除压条之外，清代茶树良种繁育，还出现产生了茶树的嫁接、扦插等无性繁殖和培育的方法。如福建"佛手种"，传说即由安溪金榜乡骑虎岩一僧人，以茶枝嫁接于香橼树而产生。其叶形似香橼，且香味强烈。

再如插枝，也是清代始比较广泛应用的无性繁殖技术。茶树扦插的最早记载，见于康熙后期李来章的《劝谕瑶人栽种茶树》的告示。他根据福建和其他地区汉人繁殖良种茶树的经验，在瑶区进行推广。

插枝是最原始的成年粗茎扦插，常见于旧时农村用来繁殖杨树和柳树等许多树种。用这种材料来繁殖茶树，成活率是极低的。后来在实践中，人们逐渐发现用当年生的枝条更易成活，于是废弃粗枝改用当年枝条扦插，即"长穗扦插"。

福建不但是茶树压条、嫁接，也是扦插技术的创始和最早发展地区。稍有茶学知识的人都清楚，福建是我国茶树品种资源最为丰富，也是我国古代最早采用无性繁殖来培育茶树良种的地区之一。

据报道，在20世纪初，仅安溪一县，无性繁殖系的茶树品种，就多达三四十种。除铁观音外，还有乌龙、梅占、毛蟹、奇兰、佛手、桃仁、本山、赤叶、厚叶、毛猴、墨香、腾云等。

据估计，福建邻省浙江的温州、台州、龙泉和江西的上饶一带民间选育的黄叶早、乌牛早、清明早、藤茶、水古茶和大面白等民间无性繁殖系茶树品种，就是向福建学习或由福建传入无性系繁殖法之后出现的成果。

由此可见，我国古代茶树栽培和繁殖，大部分时间和大多数地区，都是采用种子繁殖；无性繁殖是在清代主要是清末，而且大多又集中福建一地。

我国古代在留种和种子贮藏方面，不但较早注意而且技术的发展和成熟也早。

从《四时纂要》可以清楚看出，我们的祖先，早在唐代以前，就懂得和掌握了用沙土保存茶种的方法。《四时纂要》的沙藏法，一直沿用下来，到明代罗廪的《茶解》中，才又有发展。

《茶解》在沙藏之前，增加了一道水选和晒种工序。沙藏保种，在古代条件下，无疑是一种有效的良好方法，对保持种子的水分需要，促进种子后熟和保证有较高的发芽率等，都是有较好作用的。

我国古代的茶树管理，是和农业生产精耕细作的水平相一致的。据《四时纂要》记载，我们现在茶园管理的诸如防除杂草、土壤耕作、间作套种和施肥等几方面的内容，至少在唐代便都已俱全。

当然，《四时纂要》记载的内容不免有些原始、简单，但随着农业生产精耕细作的提高，我国茶园管理水平，也相应地在不断发展和

完善。

唐代茶园只是在茶树幼龄期间才间种其他作物，可是宋代《北苑别录》就提到桐茶可以间作。明代茶园管理的记载更多，水平也更高，提到了茶园管理的耕作和施肥，提出了更精细的要求，而且提出茶园不仅可以间植桐树，也可种植桂、梅、玉兰、松、竹和兰草、菊花等清芳之品。可见明代在茶园管理的各个方面，都较唐宋有了较大的进步。

从文献记载看，我国古代茶园管理，到明代即达到了相当精细的程度。所以，到清代只是在除草、施肥的某些方法和间作内容上有所充实。如《时务通考》关于锄地以后，"用干草密遮其地，使不生草莱"；《抚郡农产考略》提到锄草之后，要结合"沃肥一次"；《襄阳县志》中还提到了襄阳茶园还间作山芋和豆类等。

古籍中茶树修剪的记载出现较晚，直至清代初年才见于《巨庐游录》和《物理小识》。《巨庐游录》载："茶树皆不过一尺，五六年后梗老无芽，则须伐去，俟其再蘖。"《物理小识》说："树老则烧之，其根自发。"后一种方法，比较原始，或许台刈就是从这种方法中脱胎产生的。台刈就是把树头全部割去，以彻底改造树冠。

根据上述记载，说明我国茶树的台刈技术，可能萌发于明代后期。至清代后期，又采用两种新的茶树修剪的方法：

一是"先以腰镰刈去老本，令根与土平，旁穿一小阱，厚粪其根，仍复其土而锄之，则叶易茂。"

二是"茶树生长有五六年，每树既高尺余，清明后则必用镰刈其半枝，须用草遮其余枝，每日用水淋之，四十日后，方去其草，此时全树必俱发嫩叶。"

从文献记载来看，茶树修剪似乎是从台刈开始的；先有重修剪，在重修剪的基础上，然后才派生出其他形式的修剪。

我国古代采茶，六朝以前的情况史籍中没有留下多少记载。直至陆羽《茶经》始载："凡采茶，在二月、三月、四月之间"，说明在唐代可能还只采春茶、夏茶，不采秋茶。唐代采冬茶不是定制。

采摘秋茶，大概是从宋代开始的。北宋文学家和政治家苏辙在《论蜀茶五害状》中说："园户例收晚茶，谓之秋老黄茶。"但宋代采摘秋茶还不普遍，到明代中期以后，我国已普遍开始采摘秋茶了。

宋代除了采取唐时晴天早晨带露水采摘等方法外，据《东溪试茶录》、《大观茶论》等茶书记载，还提出了采茶要用指尖或指甲速断，不

以指揉；另外要把采下的茶叶随即放入新汲的清水中，以防降低品质。

宋以后茶叶采摘的资料，记不胜记，因各地环境条件和制法不同，说法也不一致。总的来说，采茶贵在时间。太早味不全，迟了散神。一般以谷雨前5天最好，后5天次之，再5天更次。

拓展阅读

宋代苏东坡不仅是一位大文学家，也是谙熟茶事的高手。他一生与茶结下了不解之缘，并为人们留下了不少隽永的咏茶诗联、趣闻轶事。比如流传至今的"东坡壶"，就是关于苏东坡的一段有趣的故事。

俗话说"水为茶之母，壶是茶之父"。苏东坡酷爱紫砂壶，他在谪居宜兴时，吟诗挥毫，伴随他的常常是一把提梁式紫砂茶壶，他曾写下"松风竹炉，提壶相呼"的名句。

因他爱壶如子，抚摸不已，后来此种壶被人们名之为"东坡壶"，一直沿袭至今。

古代园艺

　　园艺就是园地栽培。在古代，果树、蔬菜和花卉的种植常局限于小范围的园地之内，与大田农业生产有别，故称为园艺。

　　园艺作物主要有果树、蔬菜和观赏植物三大类。因此，我国古代园艺可相应地分为果树园艺、蔬菜园艺和观赏园艺。

　　园艺业是农业种植业的组成部分。我国古代在果树繁殖、蔬菜栽培、名贵花卉的培育和栽培技术，及在园艺事业上与各国的广泛交流等方面卓有成就。对丰富人类的精神生活，改造人类生存环境做出了重要贡献。

我国古代园艺发展

先秦时期，最初农艺和园艺尚无明显分工，周代园圃开始作为独立经营部门出现，当时园圃内种植的作物已有蔬菜、瓜果和经济林木等。

秦汉时期，通过丝绸之路，一些园艺作物如桃、杏等被传至西方；同时也从外国引进了大蒜、黄瓜、葡萄、石榴、核桃等。

南北朝时在果树的繁殖和栽培技术上有不少创造发明。唐宋以后，园艺事业有了很大发展，新品种逐渐增多，中外交往更加频繁。

园艺业是农业中较早兴起的产业。在远古年代，人们为了生存而采集野生植物，最早被采集的是野生的蔬菜植物，因为这类植物可食时间长，有的食叶，有的食根或嫩茎。由采集到栽培，首先也是这些植物。

在我国的黄河流域，神农氏时期我们的先民已开始引种驯化芸薹属植物白菜、芥菜，栽培桃、李、橘柑等果树以及禾谷类粮食作物。

新石器时期遗址西安半坡原始村落中发现的菜籽，距今7000多年。浙江河姆渡新石器时期遗址中，发掘出7000年前的盆栽陶片，上面有清晰的花卉图案。

考古发掘还证明，公元前5000年至公元前3000年以前，我国已有了种植蔬菜的石制农具。

长时期以来，人们把蔬菜和果树或与粮食混种在一起，或种在大田疆畔、住宅四旁。到了周代，已经出现了不同于大田的园圃，就是种植果木菜蔬的园地。

周代园圃的形成有两条途径：其一是从囿中分化出来。囿是我国古代供帝王贵族进行狩猎、游乐的园林，就是把一定范围的土地圈围起来，保护和繁殖其中的草木鸟兽，这就是囿。在囿中的一定地段，还种植某些蔬菜果树等。其二是从农田中分化出来。如西周有些耕地春夏种菜蔬，秋收后修筑坚实作晒场。

在成书于春秋时期的诗歌总集《诗经》中，记载了多种蔬菜、果树和观赏园艺植物，如葫芦、韭菜、山药、枣、桃、橙、枳、李、梅、猕猴桃、菊、杜鹃、竹、芍药、山茶等。当时的先民已讲究园艺植物播种前的选种、播种的株距和行距，已使役牲畜。

战国时期，园艺业发展很快，已出现大面积的梨、橘、枣、姜、韭菜种植园。说明当时我国已有温室栽培，已有嫁接技术。

秦汉园艺业有很大发展。《汉书》记载了太官在冬天于室内种葱、韭等蔬菜，说明温室培养在我国由来已久。其中的太官葱尤为著名，是太官上供之物。

明代李时珍《本草纲目·菜一·葱》："冬葱即慈葱，或名太官葱。"太官葱的茎柔细而香，可以越冬。

我国和西方国家之间的交流，最早当数汉武帝时，张骞出使西域。张骞由"丝绸之路"给西亚和欧洲带去了我国的桃、梅、杏、茶、芥菜、萝卜、甜瓜、白菜、百合等，大大丰富了那些地区园艺植物的种质资源。

也给我国带回了葡萄、无花果、苹果、石榴、黄瓜、西瓜、芹菜

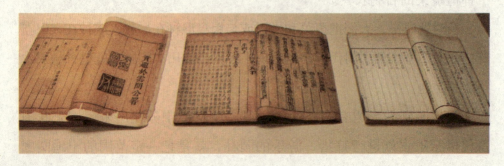

等，丰富了我国园艺植物的资源。以后海路也打通了交流的渠道。

南北朝时期的园艺，比较突出的是在果树的繁殖和栽培技术有不少创造发明，在嫁接繁殖、果树疏花、修剪，以及防治虫害等方面取得了新的成就。《齐民要术》就详细论述了果树繁殖、栽植、管理及虫害防治等技术。

南北朝时期的大部分果树采用分株、压条和扦插方法繁殖。这一时期嫁接繁殖技术也已达到相当高的水平，可称为1400多年前古代农业技术发展上的一大成就。

当时已知嫁接繁殖可以保持品种的优良特性和提早结果；并知道宜从壮树上选取向阳的枝条充作接穗，用作接穗

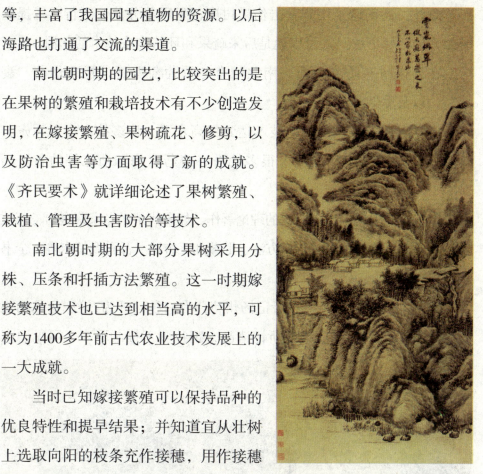

的枝条部位不同，可影响嫁接苗长成后的树形和结果年龄的早迟。嫁接时间则以枝条萌发时为宜。

对具体操作方法，当时已注意到使嫁接必须密接，接后要封土，保持湿润，以利于成活。后来又进一步认识到嫁接亲和力取决于两树间的亲缘关系。

在果树疏花、修剪、防治虫害等方面，南北朝时也创造了许多可贵的经验。如已注意到果树开花过多与坐果率之间存在矛盾。对枣树采取了"以杖击其枝间，振去狂花"的措施，认为花繁则果实不成。

此外，还创造了用斧背击伤果树皮，阻碍养分分流下行，以提高坐果率的"嫁枣法"，可以说是后来疏果和环状剥皮技术的起源。

在果树防寒防冻方面，南北朝有冬季葡萄埋蔓，板栗幼苗"裹草"，以及熏烟防霜等方法。

唐宋时期，我国的园艺技术达到很高水平，许多技术世界领先。观赏园艺发展迅速，出现了很多牡丹、芍药、梅和菊花等的名贵品种。

唐宋园艺出现了造诣很深的理论著作。如宋代茶学专家蔡襄的《荔枝谱》，讲述荔枝的用途、栽培方法、贮藏加工方法、品种及特点等，全书内容较为翔实。

北宋刘攽的《芍药谱》所记扬州芍药有31种，评为7等。每品均略叙花之形、色。据自序说，所记诸品，都让画工描画下来，可见原书

还有附图。宋代词人王观在《扬州芍药谱》中，主要描写了扬州芍药的种类、栽培与欣赏。

北宋洛阳的花园类型园艺颇为壮观。比如在天王院花园中，既无池也无亭，独有牡丹10万株，牡丹花开时，花园的吸引力是非常大的，这种专供赏花而建的园林在我国古典园林中还是少见的。

再如归仁园，该园所在地是洛阳城中一个花簇锦绣、植物配置种类繁多，以花木取胜的园子。但它与天王花园不同，天王花园是单一的牡丹园，花过即游园结束，而归仁园则是一年四季花期不断，真可以称为百花园了。

此外，还有李氏仁丰园，是名副其实的花园类型的园林，不仅洛阳的名花在李氏仁丰园中应有尽有，远方移植来的花卉等也种植，总计在千种以上。说明在宋代，已用嫁接的技术来创造新的花木品种了，这在我国园艺史上是了不起的成就。

明清时期的园艺学专著更多，如清代弘皎的《菊谱》，共记百种菊，后附弘皎所编《菊表》，将百种菊列表评次，分二等六品。是诸

多艺菊专著之一。

再如清代园艺学家陈淏子的《花镜》，是我国重要的园艺学古籍。书中讲述了各种花的种栽方法、用途等。《花镜》的问世，奠定了我国传统观赏园艺植物学的基础。

我国享有世界级"园艺大国"和"园林之母"的声誉，因为既有如上所述悠久的历史，也有其他国家难以比拟的极丰富的园艺植物种质资源。历史上我国许多园艺品种外传就是个证明。例如：宽皮橘在12世纪由我国传至日本，后传遍世界各地。

拓展阅读

西汉探险家、旅行家与外交家张骞，曾经两次出使西域，开通了促成东西方经济文化交流的交通线"丝绸之路"，促进了我国和西方物质文化交流。

在互通有无的交流过程中，西域的植物特产如苜蓿、葡萄、石榴、胡麻（即芝麻）、胡豆（即蚕豆）、胡瓜（即黄瓜）、大蒜、胡萝卜等传到我国，丰富了我国古代作物栽培内容，促进了古代园艺业的发展。

张骞出使西域，对我国古代文化艺术产生了积极的影响。他完全可称之为我国走向世界的第一人。

我国古代果树园艺

果树是能提供可供食用的果实、种子的多年生植物及其砧木的总称。我国是世界果树起源中心之一，原产的果树种类繁多，栽培历史可以追溯到殷商时期，距今至少有3000年以上的历史。

我国古代在果树园艺方面取得了丰硕的成果，在建立果园、培育良种、栽培技术、果树管理，以及果实采收等方面，经验丰富，技术成熟。体现了我国古代劳动人民的勤劳和智慧。

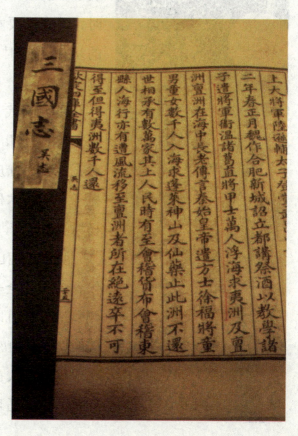

我国古代果园出现很早，在建园时除对果园进行一些保护措施外，还注意到了各方面的条件。

《诗经》中已有"园有桃"、"园有棘"、"折柳樊圃"、"无逾我园"等诗句。说明周代已有专门栽培果树的"园"和专门栽培蔬菜的"圃"，在圃的周围栽植柳树作藩篱，推测园的周围也可能有藩篱。

《三国志·魏书·郑浑传》中明确记载了果园的四周栽植榆树为绿篱。南北朝时，《齐民要术》中有专篇讨论果园绿篱的培植，其时用作绿篱的树种有酸枣、柳、榆等。

到了明代，用作果园绿篱的树种很多，除以上几种外，据《农政全书》记载，还有五加皮、金樱子、枸杞、花椒、栀子、桑、木槿、野蔷薇、构树、枸橘、杨树、皂荚等。

明代人们已注意到，林木可改变小气候，《农政全书》提出在果园的西、北两侧营造竹林可以遮挡北风，从而有利于减轻园中果树的冻害。

我国古人在建立果园时已注意到自然环境，做到适地适种。早在战国时，人们已对土壤进行观察与分类，《管子》中提出不同的土壤适宜栽培的果树种类各不相同；《周礼·地官》中已注意到，地势不同，所宜栽培的果树种类也各异。

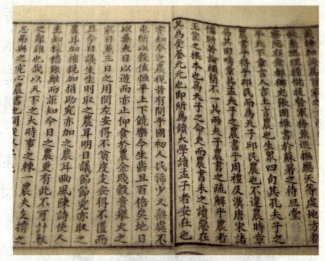

南北朝时，更进一步注意到合理利用土地，《齐民要术》主张，在不宜栽培大田作物的起伏不平的山岗地可用来栽培枣树。宋代《避暑录话》已提到，在山坡栽培果树，应注意坡向，并应修成梯田。

古人在建园之初还考虑灌溉条件，《农政全书》提出可于园中适当地点凿池蓄水，即便于果树灌溉，也可兼营养鱼。凿池所起之土，可堆于园的西、北两边，筑成土阜，营造防护林。

在果树栽植技术方面，我国古代强调果树栽植距离应该因树种而异。例如李树的栽植距离，在汉代《僮约》、南北朝时《齐民要术》、清代《齐民四术》等文献中，都提出具体意见和建议，总起来看是以"枝不相碍"为准。

古人已注意到，果树中有雌雄异株的树种，如银杏等。宋代《琐碎录》指出，这类树种，必须雌雄同种方能结实。

果树移栽的具体操作方法，在《齐民要术》中有较全面的论述，其后历代典籍中也时有述及。概括起来，有以下几个要点：

一是栽植穴要适当挖得深宽一些；二是掘取苗木应尽量多带原

土；三是苗木放入栽植穴时，要保持原来的方向；四是苗木植入栽植穴时，要注意使根部舒展；五是覆土应使苗木的根与土壤密接，勿留空隙；六是适当修剪树苗木，以减少蒸发；七是覆土到最上面并保持土壤松软，以减少蒸发；八是栽好后，切勿再摇动树干，最好立支柱扶持，以防风吹摇动树干。

总之，要尽量避免使苗木受伤，则可保证移栽成活。古代有"移树无时，莫教树知"的谚语，是对树木移栽技术的形象概括。

果树移栽的时间，对落叶果树，汉代的《四民月令》说，宜在农历正月的上半月；《齐民要术》则认为，移栽最好的农历正月，二月也可以，三月最差，总的原则是宁早勿晚，并提出可以根据当地的农候，灵活掌握移栽的适期。例如枣树以在叶芽萌发如鸡嘴伏时移栽最适合。而常绿果树，则宜在天气转暖后移栽。

我国古代，在果园土壤管理、施肥、灌溉排水等方面，创造了一定的经验。

对于果园土壤管理，《齐民要术》对黄河中下游栽培的多种落叶果树的论述中反映，古代在果树栽植后，一般不耕翻土壤，但对中耕锄草却相当重视。对常绿果树也是这样。例如《避暑录话》便主张柑橘园中要常年耘锄，令树下寸草不生。

元代《农桑衣食撮要》提到，农历正月果树发芽前，在树根旁深掘土，切断主根，勿伤须根，再覆土筑实，则结果肥大，称为"骗树"。

其后的典籍中也常有此记述，只是"骗"或写作"善"。方法有点像后来辽南果农在苹果栽培中应用的"放树窠子"。

对于果树施肥，《齐民要术》提到，桃树施以腐熟的粪肥，可以增进桃果的风味。宋代《橘录》说，橘树在冬、夏施肥，则"叶沃而实繁"。

明清时期的典籍如《竹屿山房杂部》、《花镜》等对果园施肥有较全面的论述。指出在果树萌芽时不宜施肥，以免损伤新根；开花时不宜施肥，以免引起落花；坐果后宜施肥，以促进果实膨大；果实采收后宜施肥，以恢复树势；冬季应施肥，以供来年树体发育。

古代果园施用的肥料主要为有机质肥料，如大粪、猪粪、河泥、米泔等。

对于果树灌溉排水，古籍中这方面的论述虽不多，内容却比较切实。例如宋代《橘录》中提到，干旱则橘树生长受碍，雨水过多则果

实开裂或风味淡薄。所以橘园应开排水沟以防雨涝，遇旱应及时浇灌，并且指出，可结合灌溉进行施肥。

明代《群芳谱》则针对无花果的需水特性，提出要"置瓶其侧"，进行滴灌。清代《广东新语》提出要在果树休眠期"通灌之，以俟其来春发育"。

清代《水蜜桃谱》中指出，桃"喜干恶湿"，在多雨地区栽培，需开排水沟，以利排水。

果树的修剪整枝，虽然早在先秦文献中已有所反映，但如何对果树进行修剪整枝，史籍中却很少述及。

宋代的《橘录》中指出，应剪去过于繁盛而又不能开花结实的枝条以通风透光，以长新枝。

元代《农桑衣食撮要》在农历正月的农事中，虽然专门列有"修诸色果木树"一项，可是，内容仅仅是剪去低小乱枝，以免耗费养分。

明代的《农政全书》中提到，果树宜在距离地面六七尺却截去主干，令其发生侧枝，使树型低矮，以便于采收；《便民图纂》提出葡萄要在夏季结果时修剪，使其"子得承雨露肥大"。

明清时期的文献中概括了几种应予剪去的枝条，即向下生长的

"沥水条"，向里生长的"刺身条"，并列生长的"骈枝条"，杂乱生长的"冗杂条"，细长的"风枝"，以及枯朽的枝条。

古代修剪多在落叶后的休眠期进行。所用工具视枝之大小而异，小枝用刀剪，大枝用斧。切忌用手折，以免伤皮损干。剪口应斜向下，以免被雨水浸渍而腐烂。

对于果树的疏花疏果与保花保果技术，《齐民要术》提出于枣树开花时，有用木棒敲击树枝，以振落"狂花"的做法。认为如果不这样做，则枣花过于繁盛，以致不能坐果。

其后历代典籍中也时有记载。后来华北地区，在枣树开花时仍有用竹竿击落一部分枣花的做法，群众称为"打狂花"，其实就是古法的延续。

《齐民要术·种枣篇》还说在农历正月初一，用斧背杂乱敲打枣树树干。据说，不如此则枣开花而不结果。以后历代农书中也常提到用斧背敲打树干，可使韧皮部受到一定的损伤，使养分向下输送受阻，从而集中供给果实的生长发育。

对于果树的防冻防霜，古籍中记有多种多样的措施。例如《齐民要术》记载，在黄河中下游栽培石榴，每年农历十月起，需用草缠裹树干，至次年二月除去；栽培板栗，幼龄时也要如此；栽培葡萄，每年农历十月至次年二月间，采用埋蔓防寒。

宋代的《松漠纪闻》载，有在高纬度的寒冷地区，栽培桃、李等果树，创造了埋土防冻的人工匍匐形栽培法。

史籍中记载的果园防霜的方法主要是熏烟，其次覆盖。熏烟法最早见于《齐民要术》，其后历代典籍中也有涉及。

在江苏太湖洞庭东西山栽培柑橘，冬季极寒时，也要应用熏烟以防霜雪。荔枝的耐寒性次于柑橘，尤其是幼龄时，根系入土尚不深，更易罹霜害，所以宋代蔡襄在《荔枝谱》中指出，幼龄荔枝在极寒时要覆盖或熏烟以防寒。

杏是一年中开花最早的果树，特别易罹晚霜为害，因此，唐代《四时纂要》、明代《群芳谱》等不少典籍都提到，杏园在花期要注意及时应用熏烟以防霜害。

对于果树的病虫害防治，古籍中也记有多种方法。《齐民要术》指出，冬季可以用火燎杀附着于果树枝干上的虫卵、虫蛹。

唐代《酉阳杂俎》中记有人工钩杀蛀蚀果树枝干的天牛类害虫；《橘录》介绍了用杉木做木钉，用来堵寒虫的方法。

宋及宋以后的典籍中则提出，可用硫磺或中草药，如芫花或百部叶等塞入虫孔中杀虫。有的古籍还提到地衣着生在柑橘树干，会夺去柑橘枝叶上的养分，要及时用铁器刮除。

《南方草木状》和《酉阳杂俎》等文献，记有华南一带的柑橘园中放养黄猄蚁以防治虫害的方法。这是我国也是世界上生物防治虫害的最早记载。

到了清代，这种黄猄蚁也被用来防治荔枝的虫害。当时广东省一些地区的果园中在放养黄猄蚁时，还用藤、竹为材料，在树间架设蚁桥，以利蚁群往来活动，消灭害虫，市场上也有整窝的黄猄蚁出卖。

古代果实的采收标准依果树的种类不同而异。例如枣，宜在果皮全部转红时采收。过早采收者，因果肉尚未生长充实，晒制成干枣，

皮色黄而皱；果皮全部转红而不收，则果皮变硬。

再如君迁子，按《齐民要术》记载，宜在经霜后，果皮变为赤黑色时采收；过早采收，则味涩，不堪食用。

又如柑橘，据《橘录》记载，在重阳节时，果皮尚青，为求得善价，固然可以采收，但若要味美，应以降轻霜后再采收为宜。

虽然果实的采摘标准因果树的种类而异，不过古人也曾概括了一条总的原则，即：果实应及时采收，过熟不收，则有伤树势，影响来年的结果。

果实的具体采收方法，也是依果树的种类而异。例如枣，用摇落的方法。柑橘，用小剪，苹果剪蒂下果。对树型高大的橄榄，典籍中曾提到可用盐擦树干，或在根部凿洞，纳入食盐，可令其果实自落。

拓展阅读

白果又名银杏，它有一个美丽的传说。

很久以前，一个在山上砍柴的青年人白郎，有一次蹲在一棵小树下躲雨，后来把树移栽在所居洞前，悉心育护。

哪知这棵树原是山神的女儿，叫果仙。因感于白郎悉心照料，就和白郎结为夫妻。

山神禁闭女儿，赶走白郎。结果白郎忧愤而终。此时的果仙千年怀胎，一朝分娩。谁知婴儿落地生根，继而长成碧树。果仙给孩子取名白果。

白果树长大，年年硕果累累，供人们饥为食，渴为饮，病为药。白果遂名传天下。

我国古代蔬菜园艺

蔬菜植物的范围很广，凡是一二年生及多年生的草本植物，以其多汁产品器官作为副食品的，均可被列为蔬菜植物。有些木本植物、藻类和真菌等，也可作为蔬菜食用。

我国蔬菜栽培的历史可以追溯到6000年前的仰韶文化时期。几千年来在蔬菜栽培技术方面积累有丰富的经验。大田作物的一套传统的精耕细作方法，有不少是首先在蔬菜栽培中创造出来的。

　　我国古代的蔬菜园艺，在南北朝及其以前，就已经积累了丰富的经验。北魏《齐民要术》中有15篇专门记述蔬菜栽培技术，介绍了6世纪以前黄河中下游地区栽培的30多种蔬菜，从选地到收获、贮藏、加工作了较全面的论述。

　　在土壤选择与耕作方面，古人在栽培蔬菜时十分注意土壤的选择，一般均选用较肥沃的土壤。如种大头芥要选择"良地"，种香菜宜选用"黑软青沙地"，种大蒜宜选"软地"等。

　　菜地要求熟耕。如种香菜要3遍熟耕；种姜要多次熟耕，最好纵横耕7遍等。耕菜地要根据具体情况灵活掌握，比如当香菜连作时，如果前茬地肥沃而又不板结的话，就可不加耕翻，以节省劳力。

　　《齐民要术》中强调，分畦种菜可以合理地利用土地，菜的产量也高；便于浇水和田间操作，避免人足践踏菜地。菜畦的大小一般是长2米，宽1米。栽培韭菜的畦一定要做得深，因为韭菜每采收一茬都要加粪。

　　蔬菜一般生长期较短，需肥量较大，菜地一定要施用基肥。基肥通常用大粪，或先于菜地播种绿豆，至适当的时候进行压青，充作基肥。播种后还常施用盖子粪，即在播种毕，随即用腐熟的大粪对半和土，或纯粹用熟粪覆盖菜籽。

此外，播种前依蔬菜的种类不同进行不同的种子处理。对某些蔬菜的种子，如葵、香菜等，强调在播种前需予以曝晒，否则长出来的菜"疥而不肥"。

早在西汉时，就已知道应用打杈、摘心等方法控制单株结实数，以培养大的果实。到南北朝时，进一步认识到甜瓜是雌雄异花植物，雌花都著生在侧蔓上，栽培中应设法促生侧蔓，以便多结果。

对于蔬菜病虫害防治方法，《齐民要术》也提到一些。比如甜瓜，适当安排播种期以避免虫害，在地中置放有骨髓的牛羊骨以诱杀害虫等。

蔬菜的采收标准因种类而异。叶菜类一般都是整株采收；或掐头采收，留下根株继续生长。大蒜头应在叶发黄时采收，否则易炸瓣。

西汉的文献中已有窖藏芋的记载，只是未提窖的具体筑法。《齐民要术》中有较详细的记载：农历九十月间，选择向阳处挖四五尺深的坑，将菜放入坑中，一层菜一层土，放至距离地面一尺处。最上面

用谷草厚厚地覆盖，此法相当于现在的埋藏法。

先秦文献中已有各种盐渍蔬菜的记载，到汉代时，《四民月令》中提到酱菜的加工。《齐民要术》总结以前的蔬菜加工方法，记载有盐渍、蜜渍等。

总之，南北朝及其以前时期，蔬菜的栽培技术已十分丰富而细致。南北朝以后，我国的蔬菜栽培技术有了新的发展。

比如育苗移栽技术，元代时栽培瓜类、茄子、芋、莴苣、芥菜等都采用育苗移栽。元代已注意到瓜类和茄子是喜温蔬菜，种子萌发要求较高的温度，在气温尚低的农历正月，必须设法创造一个温度较高的环境进行催芽，才能使其萌芽。

当时系采用瓦盆或桶盛粪秽，待其发热，将瓜类、茄子的种子插入，经常浇水，白天置于向阳处，夜里置于灶边等种子发芽后，种于肥沃的苗床中。适时用稀薄的粪土浇灌，并搭矮棚遮护。待瓜茄苗长到适当大小时，带土移栽至本田。

这种方法相当于现在的冷床育苗，而利用粪秽发热催芽，与现在利用温床育苗的道理是一致的。可见当时已知道粪秽发酵能产生相当

高的热量，必须等发酵高峰过去后，才能用来给喜温的蔬菜催芽。

清代后期，已把育苗移栽视为栽培某些蔬菜的必要措施。如：栽培结

球甘蓝，就必须进行育苗移栽才能确保包心。这时在一些地区还出现了专营培养菜苗出售的菜农。

清代文献中出现"苗地"这一名称。当时对早春培育辣椒的苗地有严格的要求：苗地要选择高燥肥沃之地，预先施以基肥，并精细整治。播种之后，苗地上要搭矮棚遮护雨雪，防寒保暖。幼苗出土后，遇天气晴朗，白天应揭去棚顶，使幼苗见日光。

到惊蛰后，将瓜类或茄果类蔬菜的种子用水泡涨后密播于最先挖的堂子中，覆以谷壳，再盖以草荐。草荐是用干枯的谷秆编织成的床垫。发芽后，天气晴朗时，白天揭去草荐，夜晚用草荐盖好。

待子叶展开后，按一定的株距行距每两株相并，移至第二次挖的堂子中。经十余日长出两片真叶后，按1寸左右的株行距移至第三次挖的堂子中。如此经数次移栽，到天气转暖时，定植至本田。其时堂子中的甘薯藤、稻草、牛粪等已腐熟，可用来做肥料。

软化栽培技术也是我国古代的一项蔬菜园艺。比如韭黄的生产，北宋时已出现，元代农学家王祯在《农书》首次记载了培养韭黄的方法：冬季，将韭根移至地窖中，用马粪壅培，即可使其长1尺多高。并

且正确地指出，由于不见风日，所以长出来的叶子黄嫩，因此名之为"韭黄"。

我国农业素有集约栽培的传统。早在西汉时，就有在甜瓜地里间作空心菜和小豆的做法。发展到清代，间套作更加细致，已经将蔬菜与大田作物及经济作物间套种，达到在一块地两年可以收获13次。

拓展阅读

王祯《农书》中记有香菇的栽培方法：选择适宜的树种，如构树等，伐倒，用斧研成坎，用土覆压。等树腐朽后，取香菇剉碎，均匀地撒入坎中，用蒿叶及土覆盖。经常浇以米泔水。隔一段时间用棒敲打树干，称为"惊蕈"，不久就可以长出香菇。

清代在广东及江西的一些地方常栽培喜温性真菌草菇，系以稻草为培养料栽培的。在湖南的一些地方则用苎麻秆及粗皮为培养为栽培，当地称为"麻菇"。

我国古代花卉园艺

花卉泛指一切可供观赏的植物，包括它的花、果、叶、茎、根等，通常以花朵为主要观赏对象。从一般意义上讲，花卉也是代表一切草木之花。

我国古代花卉园艺起源很早，先秦时期已经出现了具有观赏价值的人工园林。我国的花卉资源丰富，经过长时间的引种和国内外交流，积累了很多花卉园艺经验。

  我国的独立的花卉园艺是从混合的园圃中分化出来的。殷商甲骨文中已有"园"、"圃"、"囿"等字。商周时期的园圃是栽培果蔬的场所，所栽果木如梅、桃等也兼有很好的观赏价值。当时的囿和苑都是人工圈定的园林，有垣称囿，无垣为苑。

  汉代，汉武帝利用旧时秦的上林苑，加以增广，"周袤数百里"，南北各方竞献名果异树，移植其中，多达2000余种，有名称记载的约100种，建成了我国历史上第一个大规模的植物园，在我国花卉栽培史上有较大影响。

  汉代已经有了盆栽花技术。考古工作者从河北望都一号东汉墓中发现墓室内壁有盆栽花的壁画，表明盆栽花至迟在东汉时已流行。

  从花卉本身的演变看，许多花卉原先本是食用、药用的植物，人们喜爱其花朵，遂逐渐转变成专供观赏的花卉。或者食用、药用兼顾，如白菊花、芍药、荷花等。但是，更多的是发展成为专门的观赏花卉，如我国独特的牡丹、兰花、菊、腊梅、月季、茶花等，它们是花卉的主流。

自从有了园圃和苑囿，便从农业生产中分化出专门从事栽植观赏植物的劳动者。这些人世代经营，经验日益丰富，并逐渐形成了专业的花卉种植户"花农"和供应花卉的"花市"。

隋唐时期，花卉业大兴。唐王室宫苑赏花之风盛行。长安城郊已有专业的花农，花市上出售花木有牡丹、芍药、樱桃、杜鹃、紫藤等。

长安城春季有"移春槛"活动。即将名花异卉植于槛内，以木板做底，在木板下安装木轮，使人牵之行进，所到之处，鲜花就在眼前，赏心悦目。

还有"斗花"之举。富家豪商不惜千金购名花植于庭院中，以备春来斗花取胜。这些赏花游乐活动，推动了花卉种植，长安几乎成了四季花发的都城。

宋元时期，花卉的观赏从上层人士向民间普及。据北宋文学家欧

阳修《洛阳牡丹记》载：

> 洛阳之俗，大抵好花。春时，城中无贵贱皆插花，虽负
> 担者亦然，花开时，士庶竞为遨游。往往于古寺废宅有池台
> 处为市，并张幄幕，笙歌之声相闻……至花落乃罢。

南宋临安以仲春十五日为花朝节，有赏芙蓉、开菊会等赏花活动。钱塘门外形成花卉种植基地，种艺怪松异桧，四时奇花，每日市于都城。民间纷纷栽种盆花，相互馈赠。

明清时期，随着商品经济发展，更促进了花卉业的繁荣。清代京师丰台的花卉种植连畦接畛，挑担入市卖花者，日有万余。

华南气候比较温暖，更适宜花卉的发展，其花卉品类亦不同于北方，花卉专业和花市盛况绝不亚于北地。除了专业花农，还出来中间商"花客"。

在花卉园艺的发展过程中，人们积累了丰富的经验，掌握了栽培、引种、繁殖，以及花卉管理等技术，在我国花卉园艺史上占有重要一页，书写了华美篇章。

我国古代花卉的栽培技术除了部分与大田作物相似外，更富有特殊之处。经过几千年积累，都散见于各种零星文献中，直至清初的《花镜》才有了系统的整理叙述。

《花镜》卷二的"棵花十八法"可说是集花卉栽培之大成。"十八法"的命名也充分反映花卉栽培的特点。计有辨花性情、种植位置、接换神奇、分栽有时、扦插易生、移花转垛、过贴巧合、下种及期、收种贮籽、浇灌得宜、培壅可否、治诸虫蠹、枯树活树、变花催花、种盆取景、养花插瓶、整顿删科及花香耐久等法。

以辨花性情为例，《花镜》认为，在大自然里，花木是有生命力的，每一种花都有不同的习性。

比如：牡丹花喜阳光充足、干燥温凉、夏无高温，冬不甚寒之地；玫瑰喜阳光充足，耐寒、耐旱，喜排水良好、疏松肥沃的壤土或轻壤土；山茶花喜空气湿度大，忌干燥，喜肥沃、疏松、微酸性的壤土或腐殖土等。

花卉的栽培、品类的变异和增加，是与异地和异域不断引种有关。最早的大规模异地引种就是前述的汉武帝上林苑。以后历代的引种，连绵不断。

晋代植物学家嵇含编撰的《南方草术状》，记载了生长在我国广东、广西等地以及越南的植物。其中的茉莉、素馨等即从波斯引入。

唐代尚书左仆射李德裕曾将南方的山茶、百叶木鞭蓉、紫桂、簇蝶、海石楠、俱那、四时杜鹃等花木引种在他的洛阳别墅平泉庄内，共有各地奇花异草70余种。唐代大诗人白居易曾将苏州白莲引种于洛

阳、庐山杜鹃引种于四川忠县。

牡丹原盛于洛阳，宋以后随着异地引种栽培，安徽亳州、山东曹州崛起成为牡丹著名产地。菊花原产长江流域和中原一带，从元代起，渐向北方引种，直至边远地方也种菊花。

花卉种植中利用无性繁殖较普遍。宋代词人王观的《扬州芍药谱》指出："凡花，大约三年或二年中一分。不分则旧根老硬，而侵蚀新芽，故花不成就。"但分株不可过于频繁，"不分与分之太数，皆花之病也"。

《花镜》指出："一切草木，分各按其时，栽能及其法，则长成捷于核种多矣。"分株的标准要看根上发起小条。对于大的树木移植，须剪除部分枝条，以减少水分蒸腾，并防风摇致死。

扦插的要点是"必遇阴天方可动手，如遇连雨，则有十分生机"。插时须"一半入土中，一半出土外。若扦蔷薇、木香、月季及诸色藤本花条，必在惊蛰前后"。

有关花木的嫁接技术至宋代才有记述，以后逐渐增加。欧阳修在《洛阳牡丹记》中叙述牡丹的砧木要在春天到山中寻取，先种于畦中，到秋季乃可嫁接。据说洛阳最名贵的品种"姚黄"一个接头可值钱万千，接头是在秋季买下，到春天开花才付钱。

嫁接的技术性很强，并非人人会接。北宋的周师厚在《洛阳花木记》中指出，在接花法中，砧木与接穗皮须相对，使其津脉相通。北宋水利学家沈立《海棠记》提到当时洛阳的接花工以海棠接于梨树可以提前开花。

清代有人以艾蒿为砧木，根接牡丹，使牡丹越接越佳，百种幻化，名冠一时。

对于花卉种子繁殖，宋时已注意到长期进行无性繁殖的花木要改用有性的种子繁殖，因为自然杂交所结的种子，后代容易产生变异，再从中选择，便可获得新的品种。南宋诗人陆游在《天彭牡丹谱》中提到当时花户大抵多种花子，以观其变。

对种子繁殖的土壤肥料要求，正如《花镜》所说："地不厌高，土肥为上。锄不厌数，土松为良。"下种的时间因花卉而异。下种的天气宜晴，雨天下种不易出芽，但晴天下种后三五日内最好有雨，不雨要浇水。果核排种时必以尖朝上，肥土盖之。细子下种，则要盖灰。

宋时苏州一带花农已知道识别梅的果枝和徒长枝，采取整枝、摘心、疏蕾、剪除幼果等方法，使花朵开多开大。

《花镜》认为，对整枝的修剪方法要看花木的长相：枝向下垂者，当剪去之。枝向里去者，当断去之。有骈枝两相交者，当留一去一。枯朽的枝条，最能引蛀，当速去之。冗杂的枝条，最能碍花，当择细弱者去之。粗枝用锯，细枝用剪，截痕向下，才能防雨水沁入木心等。这些修剪方法，俱切实用。

治虫防虫是花卉栽培中必不可缺的环节。防治害虫的措施记载，初见于宋代，至明清而益完备。

《洛阳牡丹记》提到牡丹防虫的方法："种花必择善地，尽去旧土，以细土用白蔹末一斤和之。盖牡丹根甜，多引虫食，白蔹能杀虫，此种花之法也。"

还指出如果花开得变小了，表明有蠹虫，要找到枝条上的小孔，"以大针点硫磺末针之。虫既死，花复盛"。可见宋时使用的药物治虫有白蔹、硫磺等，种类较少。

到明清时，药物种类大为增加。光是清代《花镜》中提及的植物性药物有大蒜、芫花、百部等，无机药物有焰硝、硫磺、雄黄等。此外，还有采取物理方法如烟熏蛀孔、江蒿粘虫等。

拓展阅读

文人爱梅花由来已久，清末文学家龚自珍则有更高的境界。他在《病梅馆记》中说：梅凭着弯曲的姿态被认为是美丽的，笔直了就没有风姿；凭着枝干倾斜被认为是美丽的，端正了就没有景致；凭着枝叶稀疏被认为是美丽的，茂密了就没有姿态。

龚自珍曾经买了300盆病梅，毁掉那些盆子，把梅全部种在地里，并以5年为限，使它们恢复本性。他还决意用一生的时光来治疗更多的病梅。当然，龚自珍是在托梅抒怀，表达自己追求个性解放的强烈愿望。